大秦

谢涛说

壹

昊天牧云 —— 著

浙江工商大学出版社
ZHEJIANG GONGSHANG UNIVERSITY PRESS

杭州

图书在版编目（CIP）数据

谢涛说大秦 . 壹 / 昊天牧云著 . — 杭州 : 浙江工
商大学出版社 , 2022.1
ISBN 978-7-5178-4386-3

Ⅰ . ①谢… Ⅱ . ①昊… Ⅲ . ①中国历史—秦代—通俗
读物 Ⅳ . ① K233.09

中国版本图书馆 CIP 数据核字（2021）第 049573 号

谢涛说大秦 壹
XIETAO SHUO DA QIN YI

昊天牧云　著

责任编辑	唐　红	
封面设计	新艺书文化	
责任印刷	包建辉	
出版发行	浙江工商大学出版社	

（杭州市教工路 198 号　邮政编码 310012）
（E-mail: zjgsupress@163.com）
（网址 : http: //www.zjgsupress.com）
电话：0571-88904980　88831806（传真）

排　　版	程海林	
印　　刷	北京晨旭印刷厂	
开　　本	787mm × 1092mm　1/16	
印　　张	14.75	
字　　数	175 千	
版 印 次	2022 年 1 月第 1 版　2022 年 1 月第 1 次印刷	
书　　号	ISBN 978-7-5178-4386-3	
定　　价	49.00 元	

目　录

第七章 两支秦嬴的较量

第八章 楚庄王扛起霸主大旗

第一章
秦嬴：横跨夏商周三朝的贵族

夏商贵族

秦，出自嬴姓，又被称为秦嬴。秦嬴的祖先名叫颛顼，号高阳氏，是黄帝的孙子。

按照《史记》的说法，颛顼有个孙女叫女修。有一天，女修正在织布，天上飞来一只玄鸟（传说中的神鸟），扔了一只鸟蛋在她的面前。女修感觉很好奇，就把鸟蛋吃了。不久之后，她就怀孕了，生下了儿子大业。大业长大成人后，娶少典的女儿女华为妻，生下了儿子大费。

大费就是伯益。伯益是个很了不起的人，还是个预测大师。据说，他是第一个会打井取水的人，可以称为中国的"水井之父"。

众所周知，大禹的主要功劳就是治水，而伯益是大禹治水指挥部里的一名得力干将。传说，他一边帮大禹治水，还一边深入生活，努力创作。在治水成功之后，他的著作《山海经》也顺利完稿。

大禹完成治水这个光荣而艰巨的任务之后，回到了都城。大舜很高兴，为治水功臣们举行了隆重的授奖大会，并把玄圭①授予大禹。大禹没

———————————

① 玄圭，一种黑色的玉器，上尖下方，古代用以赏赐建立特殊功绩的人。

有独吞功劳，对大舜说："这个功勋有伯益的一半功劳啊！"

大舜一听，马上又表彰了伯益："伯益，你能辅助禹治水成功，我就赐给你皂游① 吧，你的后代一定会兴旺昌盛的。"随后，大舜把自己的女儿嫁给了伯益，并把他封到费地。后来，伯益又被大舜赐姓嬴。

这就是嬴姓的由来。

伯益因为才能突出深受大禹的器重和喜爱。大禹晚年的时候，基本上把大权交给了伯益，然后自己离开都城巡狩各地。

大禹十年，在外巡狩的大禹在会稽突然生了重病。他立下遗嘱，让伯益当继承人。于是，在大禹去世后，伯益继任。可他也只在位三年，就让位给大禹的儿子了。大禹的儿子就是夏朝的开国君主夏启（也有史学家认为，大禹是夏朝的开国君主）。

对此，《史记》的记载如下："十年，帝禹东巡狩，至于会稽而崩。以天下授益。三年之丧毕，益让帝禹之子启，而辟居箕山之阳。禹子启贤，天下属意焉。及禹崩，虽授益，益之佐禹日浅，天下未洽。故诸侯皆去益而朝启，曰'吾君帝禹之子也'。于是启遂即天子之位，是为夏后帝启。"

从表面上看，伯益让位的原因是夏启有水平、有能力，大家认为夏启是个德才兼备的人，纷纷投靠夏启。于是，伯益的地位就彻底丧失，他本人只能跑到箕山自谋生路。实际情况如何呢？过程肯定要比司马迁的记载复杂得多。也许，整个过程就是一个阴谋，而幕后推手就是大禹。

大禹虽然被后世尊为大禹、禹帝，但实际上只是一位部落联盟首领。而部落联盟首领换届执行的是禅让制度，而非"父传子，家天下"。大禹

---

① 皂游，古代旗帜上挂的黑色飘带。

要是硬把这个位子传给自己的儿子，不但违反当时的制度，还会招致众人反对，给自己的家族带来危险。就算儿子勉强坐上了那个位子，也坐不稳。因此，这件事不能硬来，而要从长计议。

后来，大禹想出了办法，那就是让伯益去处理国家大事，自己一心一意地为儿子培养亲信，并把这些亲信安插在重要部门。对此，伯益一直被蒙在鼓里，一无所知。直到真正当政之后，他才突然发现原来"天下未洽"，但大家都已经不把他当一回事了。只用了三年时间，大家就高喊着"吾君帝禹之子也"的口号，拥立夏启了。

对这个过程，潘寿就对燕王说："是禹名传天下于益，其实令启自取之。"（《战国策》）

伯益以为跑到箕山不再干预政事就万事大吉了，可事情还没有完。夏启绝对是个天才的政治家，他深深地知道他的权力是靠阴谋得到的，知道伯益虽然已经"下课"，但如果有人支持，自己的地位还是会被动摇。于是，他就偷偷地派了个杀手，跑到箕山杀死了伯益。（一说，伯益善终。）

伯益死后，夏启马上启动了一场"政治秀"，给伯益举行了高规格的追悼会，并规定以后要"岁善以牺牲祠之"。意思是说，让伯益世代享受祭祀。

伯益死后，夏启并没有对伯益的子孙赶尽杀绝，仍然让他们当夏朝的高官。伯益生了两个儿子，一个叫大廉，一个叫若木，都是夏朝的贵族，他们的后代中并没有出现什么杰出的人才。直到夏朝末代君主夏桀当政时，若木的玄孙费昌突然进行了一次具有历史意义的"跳槽"，跑到了商汤那里。

　　嬴姓从伯益开始，就有驯兽的特长，这个特长一直被作为嬴姓的传统保留了下来。商汤考虑到费昌的特长，让他当了自己的马夫，也就是专职驾驶员。

　　这个职位起点虽然不高，但分量很重。当时天下大乱，战争时时展开，像商汤这样的首领都得在马拉的战车上冲锋在前。所以，身为首领的专职驾驶员，不但驾驶水平要高，而且战斗力也要强悍。否则，首领很容易在战斗中死于非命，进而给整个部族带来危机。

　　费昌当了商汤的专职驾驶员不久，商汤就跟夏桀摊牌了。双方在鸣条决战。费昌驾着战车，跟商汤一起带着部队冲进他老东家的阵地里，把夏桀打了个大败。

　　费昌立了大功，他的族兄弟孟戏、中衍也很争气。他们是大廉的玄孙。虽然两个人"鸟身人言"，但驾驶技术超好，商王太戊经过严格的考核之后，马上把哥儿俩任命为他的专职驾驶员。从商王太戊开始，中衍一族一直辅佐商王，并建立了功勋。于是，嬴姓很快就成为殷商一朝的贵族，并且成为诸侯，一直辉煌了几百年。

　　然而，再牛也有结束的时候，嬴姓也不例外。而这一切都是因为商朝也出现了一个跟夏桀一样的君主——商纣。

　　周武王像商朝的开国君主商汤一样，扯起了讨伐昏君的大旗，带着各路诸侯猛攻商纣。这个时候，嬴姓在商朝的代表人物是飞廉和恶来父子俩。他们都有一身本事：飞廉善走，恶来有力。也就是说，父亲擅长跑步，儿子是大力士。两人都是商纣的得力助手。

　　可惜他们缺乏政治头脑，一点不像他们的祖先费昌那样能认清形势果断"跳槽"，硬是力挺商纣，结果下场很惨。恶来被周武王抓住后杀掉。

飞廉在得到君主和儿子的死讯后，就跑到霍太山上为商纣举行了一个简单的追悼会，之后就自杀了。

在周朝崛起

飞廉、恶来父子死后，嬴姓并没有被灭族。飞廉还有一个儿子名叫季胜。季胜的孙子孟增被周成王看中，为周成王驻守皋狼。孟增的孙子造父同样是个出色的驯马高手，当了周穆王的专职驾驶员。他很会相马，为周穆王找到得骥、温骊、骅骝、騄耳四匹好马。

如果放在现在，周穆王肯定是"飙车一族"的骨干成员。他得到这四匹马之后，就天天驾车到西方巡狩。据说，周穆王一直跑到了昆仑山，见到了传说中的西王母。估计西巡让周穆王很兴奋，他甚至兴奋得流连忘返了。

徐偃王看到周穆王这么久都没有回来，就宣布由他来接管政权。周穆王知道后，马上让造父套好马车，以日行千里的速度狂奔赶回京城，平息了徐偃王的叛乱。造父在这次平叛过程中立了大功，周穆王以"赵城封造父"。造父就成为赵氏的祖先。从此，秦嬴又分出了一支。

这是季胜家族的情况。季胜的兄弟、被杀的恶来也没有绝后。恶来的后代非子居住在西犬丘，即今天的甘肃省礼县城东。他养马水平很高，是当时有名的养马专业户。

前面提过，非子的族亲造父被封于赵城，即今天的山西省洪洞县赵城镇东北，属于中原地区，非子又怎么会出现在西犬丘呢？再说，西犬丘属于西部地区，嬴姓可是东夷的后代。这可真让人疑惑。对此，司马迁没交代清楚。不过，这也并不难推断，估计跟周朝建立初期的"武庚之乱"有关系。

武庚是商纣王的儿子。周武王灭商之后并没有对商朝王室赶尽杀绝，反而为了局势稳定的需要封商纣王之子武庚为诸侯。虽然侥幸免死，但武庚心里时刻装着复兴商朝的远大理想。后来，他成功地策反了"三监"①，以推翻周公、清君侧的名义发动了叛乱。可周公并没有被突发的叛乱打乱阵脚，很快就镇压了他们。

飞廉、恶来父子俩是商纣王的忠臣，恶来一支的人很可能跟随了少主武庚，参加了叛乱。

这次叛乱让周公意识到，如果还让商朝遗民聚在一起，以后这样的叛乱事件将无穷无尽，规模会越来越大，麻烦将越来越多，因此就采取了分化的办法，把他们迁到不同的地方。恶来一支的人很可能就是在这个时候被迁到了西部地区。

无论真相到底如何，恶来的后代非子当时居住并生活在位于西部地区的西犬丘。与西犬丘相距不远的东犬丘一名槐里，是西周当时的首都。由于西戎的入侵，周懿王把首都从镐京迁到了东犬丘。非子所处的年代正好是周懿王的后任周孝王在位时期。

为了报西戎迫使周王室迁都之仇，周孝王继位的第一年，就命申侯攻打西戎。此次战役的结果，史书并没有明确记载，但战争的需要使得周孝王对于养马这件事尤为重视。

有一天，周孝王到马厩里视察，发现马厩的规模虽然不小，但马匹的

---

① "三监"，指周武王的兄弟蔡叔、管叔和霍叔。

数量太少，就那么几匹，而且还都瘦瘦的，没有一点精神。这样的马怎么能上战场？恐怕连普通的车都拉不动吧？于是，周孝王就问身边的人谁的养马技术最好。大家都说，非子是全国头号养马高手。"那就让他帮王室养马。"周孝王一锤定音。

于是，几个臣子就带着周孝王的命令，把非子找来了。非子到任之后，就被派到汧渭地区养马。几年下来，马场的马匹数量剧增，个个膘肥体壮。周孝王一看，大喜，就想让非子继承大骆的名位。

大骆是非子的父亲，是西犬丘一带嬴姓的首领。子承父业，在当时是合理合法的，况且非子又为国家做出了贡献，但仍然有人反对。反对的人就是申侯。

申侯对周孝王说："大王，从前我的祖先骊山女嫁给戎胥轩为妻，生下儿子中潏。中潏出于母亲的原因归附了大周。有了中潏一族的归附，大周的西部边陲才得以保全。现在我又把女儿嫁给中潏的后代大骆，她生下的嫡子嬴成才是大骆的合法继承人。大王比谁都清楚，这些年来西戎不敢轻举妄动，都是因为我们和大骆联姻。大王要是让非子做大骆的继承人，恐怕会引发争议，还请大王三思。"

原来申侯是嬴成的外公，怕非子因为养马的功劳取代自己的外孙，所以向周孝王进言。虽然申侯的一番话带有很大的私心，但对周孝王产生了很大的影响。从周懿王开始，西周王朝已经开始走向衰落，还被西戎逼得迁了都。这就使得周孝王不得不重视实力雄厚的申侯的意见。最后，嬴成还是继承了大骆的家产和地位。

不过，周孝王也并不是昏君，他觉得无论如何也不能亏待了为国家做出杰出贡献的非子，就把秦地划给非子。于是，非子成了周王朝的附庸。

什么是附庸呢？根据《孟子》的说法，"天子之制，地方千里，公、侯皆方百里，伯七十里，子、男五十里，凡四等。不能达五十里，不达于天子，附于诸侯，曰附庸"。也就是说，现在非子的地盘少于五十里，还得找个诸侯国挂靠经营，连个法人代表资格也没有。

虽然没有法人代表资格，但非子很高兴。本来身为庶子的他在父亲去世之后可能根本继承不了多少财产，现在却有了一块可以传给后代的小封地，这真是太好了。

西陲大夫

虽然秦嬴在非子这一代大放异彩，但他的儿子和孙子却很平庸，直到他的曾孙秦仲成为首领才又站到了历史的前台。这个机会是周厉王带来的，更确切地说，是犬戎带来的。

犬戎是西戎的一支，他们是个制造麻烦的群体，觉得周王朝已经没有以前强悍了，就经常在周、戎接壤的边境地带制造一些流血冲突，占周王朝的便宜。而这时，周王朝内部的形势也不容乐观。

自周懿王开始，周王室的威信已经江河日下，各国诸侯实力持续增强，越来越不把周王室放在眼里。等到周厉王上台，形势更进一步恶化了。

周厉王本人贪财好利，亲近佞臣荣夷公。大夫芮良夫劝周厉王不要与民争利，否则有亡国的危险，周厉王根本不听，还把荣夷公任命为卿士。

此外，周厉王还暴虐骄纵，引得国人①纷纷吐槽他。召公就劝说他："大

---

① 国人，即居住在首都的平民。

王，国人已经不堪驱使了！"周厉王很生气，就命令卫巫监视那些诽谤他的人，听到谁敢吐槽大王，就立马砍了他的脑袋。自此之后，诽谤周厉王的言论少了，诸侯也不来朝见了。

召公很失望，就做了一首诗，名为《荡》，现存于《诗经·大雅》。召公在诗中写道："尔德不明，以无陪无卿……匪上帝不时，殷不用旧。虽无老成人，尚有典型。"意思是说，大王品德出现了问题，专门用坏人执政。这个做法跟商朝的做法没有两样。商朝君主不重用品德贵重的人，最后灭亡了。现在大王是走了殷商的老路啊！

到了周厉王三十四年，言论政策愈发严峻。国人都不敢说话了，就算在路上碰见了，也只用眼神示意。周厉王沾沾自喜，还向召公炫耀："看，寡人能让那些人闭嘴吧！"召公一点也不高兴，还说了那句很有名的话："防民之口甚于防川。"周厉王根本就听不进去。

又过了三年，矛盾终于激化了。国人们拿起武器，举起了反叛的大旗。这时，周厉王还不知道这回事，还忙着享受生活，结果一行人遭到了国人的袭击。周厉王只好逃到彘地（今山西省霍州市西北），而且这一逃就再也没有回来。

周厉王一逃，整个国家顿时陷入了国君空缺的状态。短暂的混乱之后，召公和周公（二人是周初召公和周公的后代）二位相国共理朝政，号称共和。共和十四年，周厉王在彘地去世。他的儿子太子姬静继位，就是后来的周宣王。

既然国人们对周厉王深恶痛绝，为什么又会放过太子姬静，并把姬静扶上君位呢？这都是召公的功劳。召公虽然是共和摄政者之一，但内心还是充满忠君思想的。他把太子姬静藏在自己家中。当愤怒的国人要求他交出太子时，他用自己的儿子冒充太子，使得姬静逃过一劫。姬静就这样在召公家里长大。

没有明确的史料表明，秦嬴分支的当家人秦仲在犬戎入侵和共和风波中扮演了什么角色，但他确实在复杂多变的局面中把握住了机会，让秦嬴再次在世人面前展现了风采。

在秦仲成为首领的第三年，犬戎就搞定了主支嬴成的后代，把西犬丘一带变成了自己的地盘。史书上虽然没有直接讲到秦仲这段时间的表现如何，但比他势力大得多的主支已被犬戎搞定，他的地盘却还牢牢控制在自己手中，就充分说明了秦仲的能力还是过硬的。

周宣王虽然是周厉王的继承人，但水平比他的父亲强多了，几年之间就让大周有了中兴的气象。他最大的成绩就是把这些年来老是欺负大周的犬戎等部族收拾了一顿。周宣王很快发现秦仲是个人才，马上就让人把一颗大夫的印信交给秦仲，并派秦仲去攻打犬戎。

秦仲一听，可以当大夫了，要是再立一点功，没准儿就可以成为跟齐、楚一样的诸侯，高兴得要命，带着部队就向犬戎的地盘杀过去。

秦仲成为秦地的当家人已经二十三年了。这么多年来，跟犬戎的交道打得很多，他觉得犬戎虽然强悍，但也没在他的地盘上讨到什么便宜。尽管西犬丘的族亲丢了西犬丘，又丢了脑袋，也只怪他们水平实在太差。秦仲这么一想，脑子就发热起来。而脑子发热的后果很严重。

秦仲只想到这么多年来犬戎没有从他那里得到什么便宜，却没有想到犬戎的力量其实很雄厚。如果实力不雄厚，他们敢向周王朝挑战吗？他们没有从秦地讨到便宜，一是秦仲确实有水平，二是秦仲采取了守势，守得没有漏洞。况且，在双方交手过程中，秦仲除了能自保之外，也没有得到什么便宜。

综上所述，秦仲现在的实力只能勉强自保，别的动作是一点不能做的。但人的头脑一发热，往往想不了那么多。秦仲头脑一热，就带着部队冲了出去，结果不仅大败而归，连秦仲本人也被犬戎毫不客气地杀掉了。

对于秦仲而言，一战而死，确实倒霉，但对于他的子孙来说却未必。正是因为秦仲受到了周宣王的赏识，他所属的这支秦嬴才有再次参与国家大事的机会。

秦仲有五个儿子，长子即位，就是后来的秦庄公。周宣王知道秦仲战死后，召见了秦庄公五兄弟。他看到秦庄公兄弟个个咬牙切齿，要为父亲报仇，就给了他们七千士兵，命他们继续攻打犬戎。得到七千士兵之后，秦庄公兄弟马上就投入了战斗。

犬戎长期以来都牛气哄哄，连大周都不放在眼里，再加上前段时间又刚搞定了秦仲这块硬骨头，以为敌人再没什么优秀人物了，只等自己再冲上一步，就可以把秦地划到自己的名下，接着向大周的地盘进军。哪想到自己还没进行下一步，秦庄公兄弟就突然率领大批士兵冲了上来。结果，毫无思想准备的犬戎被打得大败。

这次取胜之后，秦庄公并没有停下进攻的脚步，而是再接再厉，最后把嬴成一族丢掉的西犬丘也收复了。

这次对犬戎作战激烈到什么程度，史书上没有明确的描写，但我们可以从《诗经·小雅·采薇》里窥见一斑。

采薇采薇，薇亦作止。曰归曰归，岁亦莫止。靡室靡家，猃狁之故。

不遑启居，猃狁之故。

采薇采薇，薇亦柔止。曰归曰归，心亦忧止。忧心烈烈，载饥载渴。我戍未定，靡使归聘。

采薇采薇，薇亦刚止。曰归曰归，岁亦阳止。王事靡盬，不遑启处。忧心孔疚，我行不来。

彼尔维何？维常之华。彼路斯何？君子之车。戎车既驾，四牡业业。岂敢定居？一月三捷。

驾彼四牡，四牡骙骙。君子所依，小人所腓。四牡翼翼，象弭鱼服。岂不日戒，猃狁孔棘。

昔我往矣，杨柳依依。今我来思，雨雪霏霏。行道迟迟，载渴载饥。我心伤悲，莫知我哀！

诗中的猃狁就是犬戎。全诗以戍卒回忆的口吻写出了征讨犬戎的艰难。

无论如何，这次对犬戎作战，大周军队是胜了。周宣王接到奏报后很高兴，马上下令把秦庄公祖先大骆的地盘（即西犬丘一带）都送给秦庄公，还封秦庄公为西陲大夫。就这样，作为分支的秦庄公一族合并了西犬丘主支，成了这支秦嬴的代表，秦庄公的地盘也扩大了好几倍。

烽火戏诸侯

成为西陲大夫之后，秦庄公就居住在祖先大骆的故地西犬丘。秦庄公有三个儿子，长子名叫世父。按照当时的惯例，世父会成为秦庄公的继承人，可他对于做继承人并不在乎。在他看来，攻打犬戎给爷爷秦仲报仇才是第一要务。于是，世父就把继承人的位置让给了弟弟。他的弟弟就是秦襄公。

秦庄公比父亲秦仲更谨慎，明白以自己的实力根本无力主动挑战犬戎。既然如此，就要耐心地等待机会。可机会真的来得不容易。秦庄公等了几十年，一直等到死的时候，机会仍然没有到来。向犬戎复仇的任务只能交给儿子们了。

虽然世父天天嚷着要为爷爷报仇，要亲手砍下犬戎大王的脑袋，可犬戎的实力是明摆着的，要跟他们正面较量，跟鸡蛋碰石头没什么区别。因此，希望是可以有的，但手是不能乱动的。

秦襄公看到敌人太强悍了，怕敌人趁着父亲刚去世的时机前来捣乱，因此在即位的第一年，就把妹妹穆嬴嫁给了犬戎丰王，以求获得暂时的和平。

哪知犬戎根本不按常理出牌，一边接受秦嬴的美女，一边又在秦襄公二年发动了对秦嬴的战争。

当然，秦襄公他们也不是毫无准备，毕竟还有一心为爷爷报仇的世父呢！一见犬戎来攻，世父立刻带兵抵抗。遗憾的是，世父虽然英勇，可敌人太过强悍，一仗下来，不但全军覆没，而且连他也成了俘虏。又过了一年多，世父才被放回来。

秦襄公和世父能忍下这口气吗？当然不能。但在实力强大起来之前，什么气都只能忍。不过，秦襄公兄弟并没有等多久。很快，与犬戎再次交锋的机会就来了。这个机会是周幽王带来的。

周幽王名叫姬宫湦，是秦庄公的伯乐周宣王之子。这位周天子人很聪明，可惜聪明从来不用在正事上。他任用贪财好利的虢石父等人执政，弄得整个国家乌烟瘴气。

正好这个时期，地壳运动比较活跃，地震此起彼伏。就连周朝的龙兴之地岐山也发生了地震，压坏民居无数。岐山守将向周幽王汇报这件事，谁知这位周天子根本不在乎，反而派亲信虢石父等人去帮他到处搜罗美女。

大臣赵叔实在看不下去了，多次劝说周幽王把心思放在朝政上（赵叔出身于秦嬴的另一支赵氏）。可周幽王根本听不进去。虢石父认为，赵叔对大王出言不逊，应该让赵叔"下课"。周幽王对虢石父的话深信不疑，决定免去诽谤自己的赵叔的职务。

于是，一片忠心的赵叔被免职了。后来，赵叔带着全家人跑到了晋国，成为后来晋国六卿之一赵氏的祖先。

赵叔是闭嘴了，但又有人站出来了。这个人就是大夫、褒国国君褒珦。褒珦觉得赵叔实在太冤枉，只劝谏了几句就被罢官，实在太不像话了，就劝周幽王三思，不要随便堵塞言路。周幽王一听很生气，下令把褒珦抓起来关到牢里。其他人一看，劝谏大王的赵叔和褒珦一个被罢官，一个被关进牢里，吓得再也不敢说话了。

褒珦一入狱，他家里的人就慌了。他妻子召集大家商量如何把他救出来。褒珦的儿子褒洪德说："听说大王很喜欢美女。现在褒国就有一个出色的美女，如果把她献给大王，大王肯定会放了父亲。"这个出色的美女就是褒姒。

周幽王一见到褒姒，当场就傻了眼，好一会儿才反应过来，然后宣布马上释放褒珦。

褒珦获释，周幽王却彻底丢了魂。自从褒姒来到了周幽王身边，周幽王就对褒姒百般宠爱。不久，褒姒就生了一个儿子，周幽王给爱子起名为伯服。有了伯服之后，周幽王开始有了别的心思，要是可爱的伯服能成为自己的继承人就好了。可惜，之前他已经封申后的儿子宜臼为太子了。这可怎么办呢？

不过，周幽王并没有犹豫多久。很快他就宣布废掉申后和宜臼，让褒姒当王后，伯服为太子。谁敢反对，就砍谁的脑袋。果然，没人敢吭声。然而，周幽王肯定没听说过这句话，哪里有压迫哪里就有反抗。这波操作给他自己埋下了隐患。

周幽王为褒姒做的事情还不只这一件。

褒姒虽然是大王的爱妃，享受着天下的顶级富贵，但并不喜欢笑。这让周幽王很头疼。怎么才能让褒姒笑呢？为此，周幽王绞尽脑汁，也没有想出好办法，可他仍然不想放弃。这时，他想到了一个办法——谁想出让褒姒大笑的办法，就赏给谁一千金。

虢石父一看到这个命令，绞尽脑汁终于想出了一个办法，就去求见周幽王。

周幽王一看虢石父的神态，就知道这家伙有了好主意，催他快点儿说出来。

虢石父也没有卖关子："咱们为了防备犬戎袭击，不是修了很多烽火台吗？"

周幽王说："没错。"

虢石父说："咱们可以利用烽火台来让王后笑。"

周幽王说："那有什么好笑的？"

虢石父说："咱们不是有个规定吗？只要烽火台一举火，就表示犬戎已经大举进犯了，周边的诸侯们就得带着部队前来救援。现在您就带着王后到骊山①，然后下令举火。各路诸侯肯定会连夜跑来。来了之后，一个敌人也不见。王后肯定会觉得好笑。"

周幽王一听，确实不错，当场拍板，就这么办。于是，一行人出发前往骊山。不久之后，他们就登上了骊山的最高点，周幽王下令点火。只见周边的烽火台一个接一个地亮了起来。

这时，虽然很多诸侯已经不把周天子这个天下共主当回事了，也对周幽王很有意见，但他们对犬戎更加不爽，看到烽烟，都带着军队狂奔过来。所有军队这时都冲到骊山脚下，但大家都傻了眼，犬戎到底在哪儿？难道犬戎就这么容易被击退？好像这不是犬戎的风格啊！

在大家发呆时，突然山顶上传来了动静。所有人的目光都投向山上，原来大王正在那里喝酒，还伴有一阵笑声传来。这笑声是怎么回事？原来褒姒看到那么多男人都傻在那里，觉得特别可笑，就笑出了声。

周幽王一看褒姒笑了，也非常满意，派人去对那些还在发傻的诸侯说："你们的任务完成了，回去吧。"

诸侯们一听，这才知道他们带着军队狂奔而来，跑得腿都差点儿断了，竟然不是犬戎来袭，而是大王为了搏美人一笑。太可恶了！但是，这又有什么办法呢？大家按捺着心中的怒火，带着军队回去了。

周幽王觉得这个游戏不错，后来又搞了几次。开始的时候，诸侯们还深信不疑，带兵来援。后来，他们也就不来了。

---

① 周孝王与犬戎讲和后，又将都城迁回镐京。骊山即在镐京郊外。

周幽王之死

　　周幽王的一系列作死行为让申侯看到了希望。这位申侯就是前王后申后的父亲，他看到自己的女儿和外孙被周幽王废了，恨得牙痒痒，恨不得咬下周幽王的一块肉。可申国只是西部边陲的一个小国，想挑战周幽王，那是万万不行的。不过，他相信，机会总会有的。

　　没有明确的史料记载申侯是不是被戏耍的诸侯中的一员，但"烽火戏诸侯"确实给了他新的灵感。就在褒姒微笑的那一刻，就在诸侯带兵骂骂咧咧地离开骊山的那一刻，申侯终于感到了一种轻松，因为他知道，机会就在这片大骂中来了。

　　申侯以前不敢跟周幽王这位前女婿摊牌，就是怕烽火台一举火，那些诸侯就会杀过来，自己可能会腹背受敌。现在好了，诸侯们生气了，恐怕周幽王就是把整个烽火台烧了，他们都不会再来了。没有诸侯率兵相助，周幽王就是个纸老虎！

　　当然，申侯是很狡猾的。他知道，要是自己直接出手，即使可以一举搞定周幽王，诸侯们仍然会找他算账。因为姬姓诸侯数量还是很多的，而且他们手里的兵力都比他强。要是被他们找碴儿，申国根本抵挡不住。不行，不能这么做。

　　申侯对形势进行了一次全面的评估，然后拿出了解决办法，那就是派人找犬戎和缯国，说现在姬宫湦（周幽王）的市场已经彻底没有了，咱们联合起来，一起把他干掉，然后瓜分大周。

　　犬戎自上次被秦庄公兄弟痛扁一顿之后，老实了很长时间，但他们的眼睛仍然盯着大周的土地，这时看到申侯居然主动跟他们结成统一战线，当他们的内应，哪有不答应的道理？缯国也很快回复了——同意。

于是，三家合兵一处，很快就向周王朝的首都进发。周幽王一看大事不好，急忙命人跑到城外不远处的骊山点燃了烽火。这一次，褒姒没有笑，周幽王却想笑出声。他认为，只要他再死守几天，他的诸侯们就会带着大军从四面八方杀过来，把三家联军打得满世界乱跑。可时间一天天过去了，叛军越来越近，他期待中的诸侯却并没有来。

直到这时，周幽王才明白，博美女一笑的代价实在太大了。不过，想后悔已经来不及了。很快，犬戎就攻破了镐京。周幽王突围而出，跑到了骊山，最后在骊山脚下被杀。犬戎还掳走了褒姒，杀死了伯服，并将周王室的全部财物席卷一空。

成为周朝诸侯

周幽王一死，申侯的目的就已达到。他并没有制止犬戎大军进入镐京后的暴行，而是和陆续赶来勤王的诸侯一起扶立自己的外孙前太子宜臼为王。宜臼就是后来的周平王。

从这个结果来看，申侯和他的外孙宜臼是这次事件的最大赢家。不过，秦襄公也获益匪浅。众所周知，秦嬴和犬戎是世仇。再加上周宣王这位伯乐的余荫，秦襄公对于大周的事情还是很卖力的。

在犬戎兵围镐京时，虽然大家都恨周幽王戏弄过他们，不愿带兵过来救他，但那些与周幽王有密切关系的诸侯还是来了，比如郑国、许国、鲁国等。当然，这几个诸侯来的原因也很复杂。

鲁国是周公的后代建立的国家，与大周的关系非比寻常，不管周天子犯了什么重大的错误，鲁国都得无条件前来帮忙。

郑国是新兴诸侯。首任国君郑桓公是周厉王的小儿子、周幽王的叔叔。他在镐京担任司徒，掌管全国的土地和户籍，深受国人爱戴。犬戎攻破镐京后，郑桓公和周幽王一起在骊山脚下被杀。于是，郑桓公的儿子公子掘突（即后来的郑武公）也带着军队杀了上来。

至于许国，则因为许国向来是周王室的忠臣，当然，也不能排除其有想趁乱捞一点好处的嫌疑。

不管怎么说，诸侯们还是来了，就连像秦襄公这样的附庸都来了。申侯一看，立马转变了立场，跟前来勤王的众人一起立外孙宜臼为王，然后跟犬戎翻脸，让大家与犬戎对抗到底。秦襄公就是在这样的背景下，对犬戎大打出手的。幸运的是，他表现得还很出色。

不过，犬戎败走并没有让局面稳定下来。这时，大周的内部又出了问题。周平王在申、郑、鲁等几位诸侯的拥戴下继承了王位，可他的另一个兄弟在虢公翰的教唆下，也当上了周王。两位周王并立，加剧了局势的不稳定。直到十年之后，晋文侯才杀死另一位周王，结束了二王并立的局面。

在这样的形势下，周平王决定东迁洛邑（今河南省洛阳市）。对此，郑武公（即公子掘突）是欢迎的。毕竟，早在郑桓公时代，郑国就已经迁到洛邑以东的地区。周王室要是迁都洛邑，郑国大有用武之地。申侯虽然不高兴，但也只能同意。毕竟如果不东迁，他就得负责解决犬戎这个隐患。可消灭犬戎这事儿，真的很难做到啊！

达成共识之后，周平王就在申侯、郑武公、晋文侯、秦襄公等人的护卫下东迁洛邑。

周平王对于秦襄公的表现很满意，想要表彰一下他，可是又犯了难。

毕竟东迁后的自己手里什么也没有，连自身安全都成问题，拿什么来感谢秦襄公呢？

不过，周平王很快就有了主意，他封秦襄公为诸侯，并把老祖宗的龙兴之地岐、丰作为秦国的封地。

从表面上看，周平王还是挺大方的，又是封诸侯，又是给封地，而且这块封地面积还不小。实际上大家都知道，岐、丰之地原本就掌握在犬戎手里。秦襄公必须把犬戎赶出去，才能实封。

尽管如此，秦襄公还是很高兴，经过几代人的努力，秦嬴终于从附庸成了诸侯。这一年在中国历史上是有着划时代意义的一年。随着周平王东迁，历史的车轮开进了东周时代。秦国也成为东周时代的新兴诸侯。

秦襄公将诸侯的名分看得很重，一得到周平王的委任状，就派人带着礼物到各国开展外交活动，跟那些老牌诸侯建立外交关系，提高自己的国际形象。他还用骊驹、黄牛、公羊各三头的太牢大礼，在西畤祭祀白帝，以此来庆贺秦国的正式立国。

此外，他还牢记自己的目标，时刻监视犬戎的动向。秦襄公十二年（前766），秦襄公一声令下，带着大军向犬戎发起进攻，大败犬戎，并一直打到了岐山。不久，秦襄公去世，他的儿子秦文公继位。

秦文公十六年（前750），秦军打败犬戎，占领岐山，自取岐山以西之地，并把岐山以东的地方献给了周天子。至此，周平王的白条终于变成了现实。秦国也因为得到了岐、丰之地获得了长足发展的基地。

为什么这么说呢？岐、丰之地就是著名的八百里秦川，也是周朝的龙兴之地，水草丰美。其中心地带关中平原不但气候温暖、雨量充沛，而且河流众多，最利于农业的发展。综观中国历史，周、秦、汉、唐都是从这里起家的。

当然，汉、唐崛起都是后话。很快，秦文公的后人们就将尝到岐、丰之地带来的甜头——在春秋时代的舞台上扮演重要的角色。

第二章

齐桓公成为春秋第一霸主

春秋小霸郑庄公

比起其他很多诸侯，秦国挂牌上市的时间实在太晚了。但秦国立国时，正好赶上历史的转型期。当时，周王朝已经彻底走向了疲软，各路诸侯都纷纷露出单干的迹象，大家都奉行扩张主义，实行兼并政策，尽可能地增强自己的实力。秦国也不例外。

秦国的几代国君花了几十年的时间，对内提升综合国力，对外与犬戎死磕，终于把秦国打造成了一个新兴的诸侯强国，并挤进了当时齐、楚、晋等强国所在的大国俱乐部。

第一个把秦国打造成"金字招牌"的就是秦穆公。他是春秋有名的霸主之一，虽然这个霸主有点争议。当然，春秋时期的第一个霸主并不是秦穆公，而是齐桓公。不过，最先有这个创意的也不是齐桓公，而是郑庄公。

周平王东迁之后，郑武公的心情很好。因为护卫之功，他继承了父亲郑桓公在周王室的卿士之位，并被周平王任命为司徒，与晋文侯一起执掌周王朝的政事。此外，郑武公也没有忘记父亲既定的扩张政策，仅仅在他这一代，郑国就吞并了郐国、东虢国，占领了鄢、蔽、补、丹、依、弢、历、莘八邑。

郑武公死后，他的儿子郑庄公继位。郑庄公继承了父亲的职位，继续担任周王室的卿士。作为一代雄杰郑武公的继承人，郑庄公很明白，姬家的天下已经不那么稳当，东迁之后的王室失去了原来的影响力，诸侯们都已经不把大周当一回事了。

这个道理不难明白，可周平王偏偏还要自作聪明。这位东迁的周天子在坐稳自己的王位后，就想摆脱被诸侯控制的窘境，便趁郑庄公为父亲服丧之机，想用虢公来代替郑庄公担任卿士的职务。郑庄公知道后，迅速赶到洛邑质问周平王。周平王只能抵赖，但郑庄公不依。后来，这件事以周、郑互换人质了结。

不久之后，周平王去世，他的孙子周桓王继位①。这位新任周天子年轻气盛，比去世的爷爷更想恢复大周昔日的荣光。在继位的第二年，他就粗暴地干涉了晋国的继承问题。第三年，就对郑庄公发起了挑战。

周桓王三年（前717），郑庄公前来朝觐。周桓王并没有礼遇这位从爷爷时代就担任卿士的诸侯。周桓公就对周桓王说："您这样做太不合适了。王室东迁，依靠的就是晋国和郑国。我们礼遇郑国，还怕人家不来呢。这下，郑国再也不会来朝觐了。"

还真让周桓公说对了。郑庄公很生气，后果很严重，他一气之下跟鲁国更换了许田。许田是周天子祭祀泰山时候的专用田。周桓王也不甘示弱，任命虢公忌父为卿士，并在几年之后剥夺了郑庄公的卿士之位。

这下真的捅了马蜂窝，郑庄公一气之下不来朝觐了。周桓王觉得郑庄

---

① 周平王在位时间太长，太子在他之前已经去世了。

公太过分，一时脑子发热，就带上几个小国向郑庄公摊牌。双方大打了一场，最后"愤青"周桓王的肩头被郑庄公的手下射了一箭。周桓王不得不很痛苦地宣布自己失败了。

这一箭之后，周王室彻底沦为一块招牌，再也生猛不起来了。不过，郑庄公也并非真正的赢家。他虽然赢了这场战斗，可因为只把精力放在控制周天子的事上，却没有心思开拓自己的市场，综合国力仍然是老样子。除了得到敢于挑战天下共主的名声之外，什么实质上的利益也没得到。再加上他没能处理好家庭内部事务，郑国时时都面临"三公子皆为君"的危险。所以，郑庄公只能成为春秋小霸，而不能成为春秋霸主。

虽然对于郑庄公本人来说很遗憾，但他的做法很快被后辈齐桓公批判性地吸收，并帮助后者成为春秋时期的第一个霸主。

荒唐的齐襄公

齐桓公的名字就是放在现在也很有意思——姜小白。不过，这个小白可不是现在那种通常意义上的"小白"，齐桓公这个小白可不是小白痴。

众所周知，齐国是当初周武王封给姜太公的，是诸侯中的大国。几百年来，虽然没做出什么吸引人们眼球的事业，但也没出现过什么让人大跌眼镜的事。可刚进入春秋时期，齐国就陷入了一场内乱。这就让本来跟齐国君位没什么关系的公子小白有了登上君位的可能。

那时是小白的哥哥齐襄公姜诸儿在位。这场内乱就是齐襄公引起的。不过，客观地说，这场内乱的出现不能全怪齐襄公，还有一半要怪他的父亲齐僖公。

　　齐僖公在位时，老早就把长子诸儿定为法定继承人，他也从没有在心里萌发过废掉诸儿的念头。可坏就坏在齐僖公对自己的兄弟夷仲年感情很深，夷仲年偏偏又早死。于是，齐僖公就特别宠爱夷仲年的儿子公孙无知。

　　本来跟兄弟姐妹团结友爱也是一种美德，特别关照一下失去父亲的侄子，绝对没有错。可齐僖公关心得有点过头了，他让公孙无知享受跟自己的继承人——太子诸儿一样的待遇。

　　对此，公孙无知倒是很满意，每天享受着太子级别的政治、生活待遇，有时还感觉自己就是太子。太子诸儿却很不舒服，觉得自己继承人的地位不稳了。于是，堂兄弟间就开始上演明争暗斗的戏码。

　　估计两人的这场争斗还比较含蓄，没有轰轰烈烈地弄到需要齐僖公出面的地步。再说，齐僖公也是有底线的，他虽然喜欢公孙无知这个侄儿，但死的时候仍然把君位交给了自己的儿子。

　　齐僖公去世后，诸儿登上了君位，他就是齐襄公。终于成了国君，齐襄公决定出一口恶气。于是，他在继位的第一年，就给公孙无知来了一个下马威，具体做法就是"绌无知秩服"，也就是把公孙无知原来的年薪降了下来，并收缴了那套跟太子一样的礼服。

　　说起来，这也不算什么。公孙无知本来就是前任国君的侄子，而且现在当家的可是齐襄公了。不过，公孙无知并没有这种自觉性，他很生气，很想给齐襄公制造一个严重的后果。

　　齐襄公处置了公孙无知，一下子把憋了多年的恶气出了，心里很高兴。他以为，这样一来，公孙无知就再也没有什么市场了。事实证明，他的这个认知真的很无知。

　　除了被迫跟堂弟明争暗斗，齐襄公本身也存在一定的问题。他犯了三个不可饶恕的错误。

其中，第一个不可饶恕的错误，就是他跟同父异母的妹妹文姜进行了一场兄妹恋。

其实，如果只是年少轻狂，倒也可以理解，可惜齐襄公偏偏是个长情的人。这场恋情持续了好长时间，直到文姜嫁给鲁桓公后，这兄妹俩依旧藕断丝连。这就成问题了，而且是大问题。

鲁国跟齐国自齐僖公以来就是友好邻邦，再加上鲁国国君娶了齐僖公之女文姜，两国的关系就更加密切了。齐襄公四年（前694），为了和周庄王的妹妹周王姬的婚事，齐襄公按照周礼邀请妹夫鲁桓公到齐国访问。鲁桓公很高兴，就带着夫人文姜一起到齐国去了。

齐襄公一听，文姜也要来，顿时心花怒放，放下手中的其他工作，跑到齐鲁边境的泺地，并在那里举行隆重的欢迎仪式，欢迎鲁桓公的友好访问。从表面上看，齐襄公是重视妹夫鲁桓公。实际上呢？大家都知道是怎么回事。

从文姜嫁到鲁国到此次鲁桓公夫妇访齐，十几年过去了，兄妹俩都没有见过面。这时一见面，竟然旧情复燃。陷入热恋的兄妹俩不管不顾，结果被鲁桓公发现了。

鲁桓公一发现自己夫人和大舅哥的奸情十分震怒，可考虑到是在齐国境内，再震怒也只是把老婆痛斥一顿，等回到鲁国再说。

文姜一看，老公这次发的火实在很猛，估计回去之后肯定没有好果子吃，就急忙告诉了她的哥哥。齐襄公一听，也知道大事不好。不过，这个做了坏事的人却没有害怕，还很果断地做出了决定——杀死鲁桓公。

于是，齐襄公假装什么也不知道，又把妹夫鲁桓公请来，设了隆重的国宴招待他。可能鲁桓公知道齐襄公兄妹俩的不伦恋情之后心里不爽，很快就醉成了一条死狗。齐襄公要的就是这个效果，他示意彭生动手。

彭生是齐襄公的得力手下，虽然名字看起来很斯文，但肌肉发达，壮得像头牛。他把鲁桓公抱了起来，放进鲁桓公的国君专车里。彭生绝对是个职业杀手，对于空手杀人的业务很精通。史书上记载他一边抱着鲁桓公，一边就"拉杀"了这个醉鬼。

不过，鲁国人当时并没有发现。直到一行人回到驻地，大家恭请国君下车时，才发现原来国君已经变成了一具尸体。大家都感到无比愤怒，纷纷向齐襄公抗议，并要求严惩凶手彭生，为国君报仇。

齐襄公跟文姜继续不伦的兄妹恋已很不应该，这会儿又变本加厉，指使彭生用不光彩的手段谋害了一国之君鲁桓公。如果整件事情到此为止，也许后面的局面还可以控制。偏偏齐襄公又好面子，于是局势急转直下，他又犯下了第二个不可饶恕的错误。

齐襄公收到了鲁国的抗议，也觉得天天被鲁国这么大喊大叫抗议，非常影响齐国在诸侯中的形象，心里很不高兴。怎么办才好呢？最后，齐襄公为了平息这一事件，挽回自己和齐国的形象，就把责任都推到彭生身上，然后杀了他，并告知鲁国众人自己已经严惩了凶手。其实，彭生不过是替罪羊罢了。

鲁桓公死了，彭生也死了，齐襄公可以好好地享受爱情了。不过，小白这位兄长并非只是单纯的情圣，他在政治和军事方面的手腕也是非常值得称道的。齐襄公曾率诸侯联军干涉郑国、卫国的君位继承，并迁徙纪、邢、郚、鄑四国。但是，这些可圈可点的作为并不能阻止齐襄公犯下第三个不可饶恕的错误。而这个错误直接导致他丢掉了自己的性命。

当初，齐襄公派连称、管至父两人去驻守葵丘。虽然齐桓公后来是在葵丘跟诸侯会盟，但在齐襄公时期估计这个地方还没有那么重要，而且离齐国的首都也比较远。不用说，连称、管至父并不愿意接受这个任命。齐襄公知道两人的心思，就跟他们约定当年瓜熟的时候前去，等到第二年瓜熟的时候回来。两人一听，只一年时间，那就去吧，于是就带着行李上任去了。

一年很快就过去了。两人眼巴巴地盼着齐襄公的调令，可惜那张调令是左等不来，右等也不来。两人实在有点着急，就请几个老朋友到齐襄公那里送上报告，说他们在葵丘的任期已经期满，请国君快点发调令。哪知齐襄公大笔一挥：不同意。连个解释也没有。

两人接到这个消息后，才知道齐襄公原来把他们当成了猪头，真是是可忍孰不可忍！两人发了一顿脾气之后，就咬牙切齿地下定决心，一定要把这个不守信用的齐襄公干掉。

当然，他们知道，凭他们现在的力量，要搞定齐襄公，根本没有胜算，必须找到强有力的同盟军才行。很快，同盟军就找到了，就是那个比他们更恨齐襄公的公孙无知。

三个人凑在一块儿，准备谋划一场政变，搞定齐襄公。可是，从哪里下手呢？连称有办法。他的堂妹是齐襄公的小妾，虽然不被国君宠爱，但随时可以了解国君的动向。了解国君的动向，自然可以找到下手的机会啦！

管至父和公孙无知都觉得很不错。不过，连称也提了一个条件，事成之后，公孙无知必须让连家堂妹成为夫人。公孙无知满口答应。于是，一个针对齐襄公的阴谋开始了。对此，齐襄公毫不知情。

齐襄公十二年（前 686）十二月，齐襄公到姑棼游玩，随后又带着大家去沛丘打猎。突然，他看见了一头大野猪。本来，打猎时看到一头野猪，那是最正常不过的。哪知齐襄公问大家那是不是野猪时，侍从却告诉他："您看错了，不是野猪，而是彭生啊！"

齐襄公一听，觉得侍从在胡说八道，马上向野猪射了一箭。哪知那头野猪突然像人一样站了起来，并发出了刺耳的笑声。齐襄公一见，也怕了起来。他当时正站在车上，突然脚底一滑，从车上跌了下来，扭伤了脚，还丢了鞋子。

齐襄公回去后，又命侍从茀返回猎场帮他找鞋子。可惜，茀没有找到。齐襄公很生气，就狠抽了茀一顿鞭子，把他打得皮开肉绽。行刑结束后，茀拖着受伤的身子走出齐襄公的行宫。

公孙无知他们知道齐襄公受伤之后，明白搞定齐襄公的机会来了，马上带着手下向齐襄公的行宫冲杀过来，正好在门口碰见了从宫里出来的茀。于是，他们就劫持了茀，并把他捆了起来。

茀一看大事不好，就喊了起来："我根本就不会抵抗你们啊！"说完，还撩起衣服，让他们看自己背上的伤。公孙无知等人一看，茀身上的伤确实不轻，根本不可能假装，就相信了他的话。

茀表示愿意加入公孙无知的队伍，并请求先进宫做内应。公孙无知同意了。于是，茀又忍着疼痛进了宫。实际上，茀根本就不赞同杀死国君这件事，他进宫之后做的第一件事就是把公孙无知他们杀进来的消息告诉了齐襄公，并把齐襄公藏在了一间不起眼的房子内。

其实，茀的这个选择并不明智。他为齐襄公安排的藏身之地，用来捉迷藏还是可以的，可现在是逃命，只要人还在宫中，就是置身险地，有很大可能会被反对派发现。

公孙无知等人在宫外等了很久，还不见茀出来，就怕再等下去，齐襄公从哪个地方溜出去，组织部队杀上来，那样的话后果就严重了，因此也不管宫门开不开，直接呐喊着冲了进去。

茀把齐襄公藏好之后，就忍着疼痛组织宫中的侍从人等，拿起武器抵抗以公孙无知为首的叛乱分子。遗憾的是，他们并没有取胜，反而全部被杀。公孙无知等人冲入行宫中，又杀死了一个睡在齐襄公床上的人，结果发现这人根本不是齐襄公。

于是，公孙无知等人在行宫内展开了地毯式搜索。忽然，他们发现齐襄公的脚在一间房子的门下边露了出来。齐襄公当场被杀，公孙无知宣布自己成为齐国国君。

是不是杀了齐襄公，齐国的局势就稳定下来了呢？还真不是。事实证明，新君无知并没有得到齐国人的认可。就在齐君无知继位的第二年春天，他来到雍林视察，结果就被怨恨他的雍林人刺杀了。

那位刺客在刺杀成功之后，并没有拼命逃跑，而是大声对齐国的大夫说："这个家伙是杀害咱们国君的元凶，罪有应得，所以我要杀死他。现在请大夫拥立一位应该继承君位的公子。我也会听您差遣。"

就这样，作为春秋大国之一的齐国，国君之位出现了空缺。

齐桓公的坎坷继位路

此前，齐襄公也罢，齐君无知也罢，都还没有指定过继承人。因此，谁是合法的君位继承人呢？有人认为是公子纠，有人认为是公子小白。①
他们都是齐襄公的弟弟。按照当时的惯例，这哥儿俩都有当齐国下一代国
君的资格。于是，问题来了：君位只有一个，人选却有两个。而且，两个
人还都不在国内。这又是怎么回事儿呢？

原来，公子纠和公子小白虽然是齐襄公的兄弟，但看到老哥的做法实
在太过分，恐怕自己会被殃及，因此老早就跑到了国外。现在公子纠在鲁
国（因为他的母亲是鲁国人），公子小白在莒国。

虽然两位公子出走的时候很狼狈，但他们各自都有出色的老师辅佐。
公子小白的老师是鲍叔牙，公子纠的师傅是召忽和管仲。更有意思的是，
鲍叔牙和管仲还是好朋友，一起经过商。双方的主公是兄弟俩，谋臣又是
好朋友，这就让事情变得更加复杂了。

齐君无知死后，齐国众臣商量拥立新君的事宜。大夫高傒很早就和公
子小白交好，于是联合大夫国懿仲，偷偷派人跑到莒国通知小白赶紧回国
继位。小白虽然名字叫小白，但行为一点都不小白，非常知道时间就是权
力、时间就是生命的道理，他接到通知之后就带着人轻装简从，向齐国首
都狂奔。

与此同时，鲁国也得到了齐君无知被杀的消息，觉得他们的外甥公子
纠的机会来了，就派军队一路浩浩荡荡地护送公子纠回国继位。

于是，一场君位争夺战开始了。

鲁庄公虽然是那个死得不明不白的鲁桓公之子，但也是与郑庄公并称
春秋小霸的齐僖公的外孙，在派兵护送公子纠回国的同时，还派管仲带兵

---

① 齐襄公的儿子公子季逃到了楚国，但楚国并没有支持他夺取君位。公孙无
知后代情况不详。

去追杀公子小白。

鲁庄公的举动不难理解，莒国离齐国要比鲁国近得多。更重要的是，公子纠虽然得到鲁国的全力支持，声势无比浩大，可为了营造这个声势，已经浪费了不少时间。现在可不是比谁的声势大的时候，而是谁先赶到齐国，谁占主动。

接到命令的管仲马上就带着一支机动部队赶到莒国通往齐国的道路上。经过一阵急行军，管仲一行人终于在即墨赶上了公子小白的队伍。管仲一见公子小白，二话不说就射出了一支箭，结果正中小白的胸口。小白大叫一声，鲜血从嘴里狂喷而出，然后重重地倒在车里。

管仲很高兴，任务顺利完成。他顾不上去车里验证一下小白的死活，就派手下回去报告："小白已经变成一具死尸！"

公子纠他们接到报告后，乐观情绪马上高涨，大家都认为，公子的国君之位已经坐稳了，不用那么急着狂奔了，就放缓了行军的速度，哪知道竟然乐极生悲。

管仲一辈子的失误并不多，这一次却出现了重大的失误。他以为他那一箭已经要了小白的命，哪知那一箭虽然看起来击中了小白的胸口，实际上命中的却是小白衣服上的带钩。

当时，小白看管仲一箭射来，正中自己的胸口，以为自己没命了，哪知衣服上的带钩挡住了这支要命的箭。他反应很迅速，立刻大叫一声，咬破自己的舌头，喷出一口鲜血，然后倒在车上，好像自己已经死了。小白绝对是一名优秀的演员，他一装死，连管仲都被骗了。管仲一走，小白立刻结束了装死的表演，下令极速前进。

一边极速前进，另一边放缓脚步，胜负不难预料。再加上齐国一向掌握实权的高、国两家早已做好准备，小白一进入首都，就被迎进了王宫。大夫高傒宣布，公子小白就是大齐的新任国君。小白就是大名鼎鼎的齐桓公。齐桓公继位之后，就命令大军到边境，准备跟鲁军对抗。

鲁国君臣很不甘心就这样失败，准备给齐桓公一点颜色瞧瞧，最好能让他"下课"。可是，一切都要靠实力说话啊！就在这一年的秋天，齐鲁两军在乾时打了一仗，鲁军大败。大败之后鲁军准备撤退，可他们赫然发现道路已经被齐军堵住，一时进退不得。好不容易杀了出来，可损失比想象的更惨重，不但鲁庄公被迫丢弃了象征君主权威的戎路，就连汶阳也被齐国占领了。

在这场战斗中，秦穆公的爷爷秦武公出来打了一次酱油。虽然在几年之前，他统一了关中之地，为秦国的崛起做出了突出贡献，这次却真的很狼狈。秦武公出现在鲁庄公的败军中，他跟梁侯打着鲁庄公的旗帜躲在小路旁，结果被齐军活捉。

史书并没有明确记载秦国在后面的事态发展中起了什么作用，从之后秦穆公对齐桓公的无比崇拜来看，齐桓公应该没有过分为难秦武公。毕竟，当时秦国只是新兴诸侯，向来以大国自居的齐国很可能根本就不把这种小国之君放在心上。

齐桓公可以不为难秦武公，但绝对不会放过鲁庄公。乾时之战结束不久，齐国的部队又对鲁国发起了攻击。这时，齐桓公仍然把他的哥哥公子纠及其老师管仲当成头号敌人，因此这次发兵只有一个目的，就是砍掉公子纠和管仲的脑袋。

齐桓公的心情可以理解，可他的老师鲍叔牙不同意这么做。鲍叔牙认为，杀公子纠是绝对正确的，但杀管仲将犯历史性的错误。他对齐桓公说：

"臣幸得从君，君竟以立。君之尊，臣无以增君。君将治齐，即高傒与叔牙足也。君且欲霸王，非管夷吾不可。"

意思是说，小臣是个幸运的人，能跟随您。您现在已经是国君了，小臣并不能为您增加什么了。如果您只想做好齐国的国君，有高傒大夫和小臣就够了；如果您想在诸侯中称霸，就非要用管仲（管仲字夷吾）不可。

齐桓公虽然是春秋时期第一个霸主，但大家都把齐桓公称霸归功于管仲，而且几千年来没有人对管仲的功劳表示过质疑。不过，称霸的这个构想却是鲍叔牙提出来的。如果没有鲍叔牙，估计管仲早就死了，齐桓公也不是后来的齐桓公了。

作为春秋小霸齐僖公之子，齐桓公当然不会忘了王霸之志。虽然管仲这家伙射了自己一箭，差点儿要了自己的命，但他几乎没有犹豫，就批准了鲍叔牙的建议，还派鲍叔牙率军到鲁国去执行这个任务。

进军鲁国的鲍叔牙没有急于开战，反而将一封齐桓公的亲笔信送到了鲁庄公面前。信的核心内容就是："子纠兄弟，弗忍诛，请鲁自杀之。召忽、管仲仇也，请得而甘心醢之。不然，将围鲁。"

意思是说，公子纠是我的兄弟，我念在兄弟的情分上不忍亲自动手，还请鲁君帮忙。至于召忽和管仲，都是我的仇人，希望您能把他们交给我，我要把他们碎尸万段。如果您不答应，我们齐国大军就要攻打鲁国了。

鲁国刚在乾时被打得大败，还没有恢复元气，收到信的鲁庄公虽然气得要命，很想报仇，但报仇是要实力的，现在他哪有这个实力？他只能忍气吞声，接受齐桓公的条件。于是，鲁庄公马上派人把公子纠、召忽、管仲全都抓起来，先逼迫公子纠自杀，又准备把管仲和召忽送回齐国。

召忽觉得自己回国肯定是死路一条，就绝望地自杀了。管仲一听，要把他送回齐国，马上猜到这是老朋友鲍叔牙的计谋，就顺从地钻进了囚车。

就在鲁庄公把管仲送回齐国的前夕，施伯来见鲁庄公。他一见到自家国君，就杀气腾腾地建议："您一定要把管仲杀了。"

鲁庄公很奇怪："为什么要这样做？"

施伯说："齐国想要管仲回国，肯定是齐侯想重用他，并不是要杀了他。如果让齐国重用管仲，以管仲的水平过不了多久就会让齐国成为超级强国。到了那时，咱们鲁国就危险了！不如现在就杀死管仲，把他的尸体运回齐国去。"

施伯确实很有见地，把鲍叔牙的意图弄得很清楚，而且明白在本国军队刚惨败的情况下，根本留不住管仲这个人才。既然如此，防患未然，杀死管仲确实是最好的选择。

可惜，鲁庄公已经被吓破了胆，根本不敢违抗齐桓公这位舅舅，并没有采纳施伯的意见，反而命人把管仲装进囚车给鲍叔牙送去。

管仲相齐

鲍叔牙一接到管仲如获至宝，命人快点赶路，生怕鲁国君臣回过神来后悔。好在直到进入齐国国境，鲁国人也没有踪影。这下子，鲍叔牙放心了。很快，他们一行人就来到了齐鲁边境重镇堂阜。

一到这里，鲍叔牙就不再摆齐军统帅的架子，亲自帮老朋友管仲卸下了刑具，待他斋戒沐浴之后，又带着他去拜见齐桓公。

　　管仲受到了齐桓公极大的礼遇，先被拜为大夫，又被任命为相国，掌管全国的政治、军事。对齐桓公有拥立之功的鲍叔牙、隰朋、高傒反而成为管仲的助手。此外，为了表达对管仲的敬意，齐桓公宣布从此之后称管仲为"仲父"。

　　一个差点儿要了国君性命的人成了一国之相，还被尊为仲父，国君是不是疯了？齐桓公当然没疯。他要的是称霸诸侯，既然要达成这个目标，就得任用管仲。而且，就连在齐桓公继位过程中功劳最大的鲍叔牙都对管仲心悦诚服，其他人自然无话可说。

　　当然大家道理都懂，但实践起来并不容易。齐桓公和管仲还需要磨合。磨合的机会很快就来了。

　　当初吓破了胆的鲁庄公被迫送管仲回国，结果发现施伯太有先见之明了，舅舅齐桓公果然让管仲当了齐相，心里极其愤怒。本来一个好好的人才，就在自己的手下，现在竟然被自己双手奉送，真是岂有此理。鲁庄公越想越生气，就想起兵攻齐，出一口恶气，可最终还是没有动手。以鲁国目前的实力还不是齐国的对手，还是先做好准备，把军队训练好才是王道啊。

　　对于自己外甥的心思，齐桓公当然很清楚。他当然不会允许潜在危险的存在，就让鲁国成为自己王霸之路的垫脚石吧！想到就要做到。就在齐桓公继位的第二年正月，齐国就兵发鲁国。

　　对此，管仲坚决反对。至于反对的理由，史书并没有明确的记载，但管仲在齐桓公三年（前683）说的一段话，可以视作对该理由的完全阐释，那就是"内政不修，外举事不济"。意思是说，内政治理不好，对外用兵就不会成功。齐桓公三年（前683）情况是如此，齐桓公二年（前684）

的理由就更不用说了。

可齐桓公不听，还是决定出兵。于是，一场历史上有名的大战——齐鲁长勺之战爆发了。

长勺之战的结果有点出人意料，势力占优的齐桓公居然被鲁国新锐军事强人曹刿打了个大败。齐桓公不服，派人去向宋国借兵。宋国的国君宋闵公也很爽快，一听说齐侯要借兵，二话不说，派出猛将南宫长万带着军队去帮齐国。

宋闵公为什么会这么痛快地答应借兵呢？原来，鲁庄公在正月击败齐桓公之后，二月就入侵了宋国，并迫使宋国迁都。这种深仇大恨怎么能忘记？

有了宋国的帮助，齐桓公跟鲁庄公再次交锋。可惜，这次幸运之神仍然眷顾了鲁庄公，齐宋联军大败，连宋国猛将南宫长万都成了战俘。这下子，齐桓公可真傻了眼。

作为两次战斗的赢家，鲁庄公和曹刿高高兴兴带着战利品和俘虏回国了。之前傻了眼的齐桓公这个时候也恢复了理智，还是仲父的话有道理，自己必须得听。

管仲当然记得自己的使命。早在担任相国之初，他就和鲍叔牙、隰朋、高傒等人密切合作，出台了一系列富国强兵的措施，大力发展工商业。齐国各行各业都得到了迅猛的发展，国家综合实力明显增强。

经过五年的努力经营，管仲终于为齐桓公开辟了一条通往霸主之位的道路。

宋国的风波

齐桓公要想成为霸主，除了依靠强大的实力之外，还要寻找机会。大家都知道，机会是最难得的。不过，在管仲的帮助下，齐桓公还是找到了。这个机会是周天子和宋国共同带来的。

齐宋联军在乘丘之战中大败，宋国猛将南宫长万被俘，同年应宋国请求被释放。他是当时闻名各国的勇将，被鲁国在战场上俘虏，觉得很没有面子，他的领导宋闵公还总是嘲笑他。

齐桓公四年（前682）秋天，宋闵公带着南宫长万一块儿去打猎。中间他们俩玩了一次博戏（一种类似赌博的游戏）。正到关键时候，君臣两人都想取胜，就争执起来。宋闵公很生气，就骂南宫长万："原来寡人还挺佩服你的。现在，你不过是鲁国的俘虏罢了。"

南宫长万一听，觉得很受伤，顺手抄起沉重的棋盘就朝宋闵公砸去。猛将很生气，后果很严重。棋盘没有事，宋闵公的脑袋却被砸碎了。估计南宫长万也没想到，只是一次小小的争执，现在却酿成了弑君大罪。

旁边的侍从们吓得作鸟兽散，生怕这位连国君都敢杀的猛将也给自己来一下子，还是保命要紧。于是，随着侍从们的逃跑，国君被杀的消息也散播开来。

宋闵公虽然是自己作死，非要去拔南宫长万的老虎须，但他也有忠臣。这个忠臣就是大夫仇牧。仇牧一听说国君被杀，马上拿着兵器赶到了宋闵公的房门外，准备替他报仇。南宫长万一看仇牧杀气腾腾，也没有客气。结果，仇牧被杀。

太宰（相当于宰相）华督得知国君遇害的消息，马上就想去搬救兵。

南宫长万是出名的猛将，只有采用人海战术，才能拿下他。华督这个想法绝对正确，可动作慢了一拍，他刚跑到东宫西面，迎面就遇到了南宫长万，结果不敢被杀。

仇牧和华督一死，宋国的高层都被镇住了，不敢随便发声。南宫长万突然发现，现在宋国是自己说了算。那么当务之急就是拥立一位新君，当自己的代言人。猛将做事的特点就是只要有想法，马上就有行动。于是，宋闵公的堂弟公子游成了新君，史称宋前废公。

不过，宋前废公的统治并不稳固。他的堂兄宋闵公遇害后，除他之外的其他宋国公子纷纷出走。其中，大部分人跑到了萧邑，公子御说跑到了亳邑。公子御说是宋闵公的亲弟弟，也是宋闵公之后宋国的合法继承人。为了斩草除根，南宫长万派弟弟南宫牛率兵围困亳邑。

同年冬，萧叔大心和出奔萧邑的诸位公子率领军队杀死了南宫牛，解了亳邑之围，随后又杀入首都，杀死宋前废公。南宫长万看大势已去，就用一辆小车推着母亲跑到陈国去了。

宋前废公一死，宋国君位又出现了空缺。众人拥立公子御说为国君，御说就是宋桓公。杀死哥哥宋闵公的南宫长万还在陈国这件事让宋桓公很不爽，宋桓公就派人贿赂陈国人。于是陈国人略施小计灌醉南宫长万，并将其送回了宋国。最后，南宫长万被剁成了肉酱。他的死宣告了宋国内乱的结束。

齐桓公称霸

按理说宋国已经走上了正轨，可管仲却认为，还可以把文章做下去。

当然，这个文章是为齐国做的。但宋国会那么乖乖听话吗？按常理说不会，但这次宋国不得不听。因为御说虽然当上了宋国之君，但还没有履行手续。

原来，按照周礼，诸侯换届时，周王室虽然不能内定继承人，但换届之后，诸侯得把换届结果上报周王室。由周王室备案下文承认后的诸侯才拥有合法的地位。

这些年来，诸侯们早就不把周王室放在眼里了，换届工作从头到尾都由自己完成，根本不再浪费时间去办这个无聊的手续。因此，管仲就抓住了这个把柄，请周僖王委托齐桓公作为主持人，召开诸侯会议，履行这个手续。这样，齐国的行为就名正言顺了。

还能这样操作？齐桓公什么时候跟周王室关系这么好了？其实，齐国和周王室一直没有断了交往。齐襄公继位初年，就迎娶了周庄王的妹妹周王姬。齐桓公也在继位的第三年又从洛邑娶回了一位周王室的王姬。齐桓公五年（前681），周庄王去世，他的儿子周僖王继位。

周僖王已经是周王室东迁后的第四位君主。以前新的周天子上任时，诸侯们都会带着礼物齐聚王都隆重祝贺，可现在不是以前了。周僖王继位，诸侯们反应冷淡。虽然史书没有明确记载，但毋庸置疑，齐桓公和管仲从这位天下共主身上看到了价值。这次受周僖王委托召开会议，解决宋国新君的名分问题就是最好的证明。

齐桓公获得周僖王的委托后，马上着手选址，布置会场，然后发出通知。因为开会地点在北杏，所以这次会议就被称为"北杏之会"。虽然近年来齐国实力大增，又有周天子的委托，但前来参加会议的，除了齐国之外，只有宋、陈、蔡、邾四个小国。像比较有实力的晋、楚、鲁、郑等国都在冷眼旁观，根本没露面。

虽然与会人员太少，与会国家实力太差，让齐桓公心情有一点不爽，但北杏之会还是顺利地召开了。这个会议名义上说起来很隆重，其实议程很简单：第一步，由齐桓公代表周僖王宣布御说就任宋国国君，御说从此可以合法地行使宋公的权力，谁要是再不服，大家就可以对他群殴，一直打到他心服口服为止。

不过，谁都看得出，眼前这个仪式，其实都是齐国的借口，下一步才是齐国真正的目的。解决完宋国内政之后，齐桓公进入了正题，要求与会国家会盟，而且自己的名字要排在会盟名单的第一个。这就有点难办了。

为什么呢？原来，当初周朝封建的时候，把诸侯分成公、侯、伯、子、男五个级别。宋国的第一任国君是商纣王的哥哥微子启。当初为了安抚武庚之乱后惶惶不可终日的商朝遗民，周王室就将宋国国君封为公爵。齐国虽然是姜太公的后代，但齐国之君的爵位是侯爵。也就是说，如果会盟，齐桓公应该排在宋桓公后面。

当然，此前，宋桓公还没有获得合法任命，让齐桓公代理一下盟主，那是没有问题的，可现在既有合法的宋公在这里，齐侯却仍然不肯让位，这就说不过去了。可现在齐国实力雄厚，谁也不敢去触齐桓公的霉头。于是，大家只好按照齐桓公的安排会盟。

对此，《左传》的记载是"（鲁庄公）十有三年春，齐侯、宋人、陈人、蔡人、邾人会于北杏。"除了齐桓公称齐侯，其他四国君主都变成了某人。

其实，除了实力雄厚，齐国还有一重道义上的优势。当年，武庚和管叔、蔡叔等人发动叛乱，周成王就曾派召公给齐桓公的祖先姜太公送去了一道命令。命令的具体内容是"东至海，西至河，南至穆陵，北至无棣，五侯九伯，汝实征之"。估计身为武庚伯父后代的宋桓公也想到了这一点。

北杏之会是齐桓公首次以周天子代表的身份与诸侯会盟。有观点认为，这次会议标志着齐桓公成了春秋第一霸主，但更多人认为，两年之后的鄄地会盟才是齐桓公确立霸主地位的标志。无论如何，齐桓公终于完成了从春秋小霸到春秋霸主的蜕变，将齐国带上了新的巅峰。

第三章
东方诸国的竞争

齐鲁再次交锋

北杏之会结束后，志得意满的齐桓公君臣还做了一件事，那就是吞并遂国。名义上的理由是遂国接到了北杏之会的通知，竟然不去参加，是典型的不给周天子面子，犯了无可辩驳的欺君之罪。实际上，还有一个更深层次的原因。遂国是跟齐国有龃龉的鲁国的附庸国，吞并遂国就是试探鲁国，给鲁国一个下马威。

为什么选鲁国？理由有三。

第一，鲁国就在齐国的隔壁，齐国一伸手就可以猛扁它。

第二，北杏之会是奉周天子之命召开的会议，鲁国是周王室在东方最亲近的诸侯，理应支持，哪知现在居然不听周王室的命令。这种不尊重周天子的行为必须要受到惩罚。

第三，鲁庄公这小子在齐国内乱时趁火打劫，支持齐桓公的政敌公子纠，又两次打败齐桓公，这口恶气必须出！

于是，吞并遂国之后，齐桓公就率军向鲁国进发。

其实，鲁国不理睬齐国，并不是真的对周王室有意见，而是觉得自己堂堂周公之后，根本不必买姜太公这个臣下的后代的账。再说，以前召集诸侯这种事，都是周公操心的，是姬姓诸侯的专利。齐国虽然现在实力强大，可齐侯是姓姜的，凭什么对姬家天下说三道四？老子就是不服。更何况，鲁庄公曾经两次打败齐桓公，对齐国很有心理优势，觉得齐国不敢把自己怎么样。

可惜，经过几年的发展，齐国不再是原来的齐国，齐桓公也不再是原来的齐桓公了。鲁庄公看到齐国大军真的浩浩荡荡地入侵鲁国，这才知道问题严重了。很快，两军就交上了手。不过，这次幸运之神并没有光顾鲁国君臣。鲁军很快不敌，眼看就要吃败仗。

鲁庄公当然不是猪头，马上派人向齐桓公求和。当然，他也不是空洞的表态，而是带上了一张地图，把遂邑一带划给齐国。这个诚意应该够了吧？齐桓公也没有得理不饶人，答应了鲁庄公的请求，并约定在柯地与其会盟。

大家也许会觉得奇怪，齐桓公不是很想出一口恶气吗，怎么又答应了鲁庄公的请求呢？这是有原因的。齐桓公君臣认为，使用枪杆子只是一方面，能有效使用政治手段才更厉害。只要能用和平对话的方式解决问题，最好不要轻易把枪杆子亮出来。而且，现在齐国只是想当一下诸侯的老大，并不像后来的秦国那样要统一全国，因此不会轻易对鲁国这种有实力的诸侯国动手。

何况，鲁国是与周王室关系最密切的周公的后代的封地，属于与周天子同姓的姬姓诸侯。要是灭了它，齐国就会失去道义上的优势，到时候，无论是姬姓诸侯，还是姜姓诸侯，都会团结起来，跟齐国死磕到底。以齐国现有的实力，估计不用多久就会亡国。再加上现在齐桓公的霸主之路才刚刚开始，一定要谨慎一些，最好不要随便跟大国为敌。就这样，齐、鲁两国准备会盟。

鲁国是第一个承认齐国霸主地位的大国，齐桓公心里很爽，他觉得要好好地让鲁庄公体会一下齐国的强悍，因此老早就在柯地布置会场，场地那里全是军容整齐的部队。齐桓公心里很得意。

鲁庄公一下马，走在齐国军队的中间，心头充满了危机意识。鲁国代表团的副团长是曹沫，这时也跟在国君后面，走进会场。

齐桓公的准备工作做得很好，会议的程序也很简洁，双方只是各说几句话，然后拿出装着牛血的铜盘请两位国君"歃血为盟"。

一听到"歃血为盟"这四个字，大家可能会觉得很血腥，其实过程很简单：参加盟誓的人伸着手指从盘里蘸点牛血，抹在嘴唇上，然后就对天发誓，让老天爷见证一下，整个仪式就结束。以后大家就得遵守这个誓言，谁要是违抗，就会遭到天谴。也就是说，大家把血抹到了嘴唇上，就等于这个盟约起了法律效力。

在鲁庄公要伸着手指去蘸血时，让历史永远记住的一幕出现了。鲁国代表团副团长、猛将曹沫突然冲上前去，一把抓住了齐桓公。齐桓公吓了一大跳，旁边的众人也都愣住了。齐桓公这才发现，曹沫正拿着匕首威胁着自己的生命安全。

而且就在齐桓公反应过来之时，曹沫冷冷地提出自己的要求："把你们侵占了的鲁国的土地全部归还。"

原来只是要求归还侵占的鲁地，这个条件比预期的要好多了。反正它们原来也是鲁国的，现在还给鲁国也不是什么巨大的损失，于是齐桓公毫不犹豫地答应了。

看到齐桓公同意，曹沫这才松了一口气，收起凶器，退回到他原来的位子，很有礼貌地向齐桓公行了礼。

曹沫满意了，总算对得起国君，把自己之前打败仗丢的国土都收回来了。可齐桓公却感觉很憋屈，明明自己占尽优势，到头来还要受这个曹沫的气，不仅受气，还要把之前占领的地盘吐出来，真是是可忍孰不可忍！

会盟结束，齐桓公就气哼哼地说："今天实在太气人了。一定要杀了曹沫这个混蛋！还有，那些地方不要还给鲁国人！"

管仲却不答应。管仲就是管仲，他不管做什么事，都把长远利益放在第一位。现在杀了曹沫，不还给鲁国土地，根本没有什么难度，而且想用什么办法就用什么办法，想在什么时间就在什么时间。可这么做之后，除了能出一口恶气外，齐国能获得什么利益？一点利益都得不到。

于是，管仲对齐桓公说："我坚决反对国君的做法。您这么做，只是图一时之快而已。如果只为了一时之快而失信于诸侯，就会丢掉来自各方的援助。因此，您不能那么做。"

齐桓公向来看重自己的霸主之位，而且北杏之会刚过去没多久，他当然更愿意珍惜北杏之会的成果，一听管仲的话，只好默默掐灭了自己愤怒的火苗。

齐桓公虽然目光比管仲短浅，但他最大的优点就是知道自己远远比不上管仲，因此，不管在什么状态下，都无条件地听管仲的话。此刻当然也不例外。齐桓公听了仲父的话之后，马上就抛弃了自己的任性想法，按照和曹沫的约定，把之前占领鲁国的土地都还给了鲁国。

鲁庄公来的时候，怕得精神差点儿崩溃，想不到最后居然没有受到苛待，还顺利收回了失地，对齐桓公这位舅舅不得不佩服起来。他近段时间以来虽然有点窝囊，但绝对不是傻瓜，他知道，以齐国现在的实力，如果想要给自己点颜色看看，绝对不成问题，现在能这样对待自己，要是自己再跟他对着干，不用齐国动手，自己也会被诸侯的口水喷死。从此，直到鲁庄公去世，齐、鲁两国一直保持着友好亲密的关系。

其他诸侯听说了柯地之盟发生的事情，都觉得齐桓公是讲诚信的人，都争着要依附齐国。

平息宋郑风波

卫国和曹国虽然没有参加北杏之会，但都对齐国表示了尊重的态度。说起来，卫国是周文王之子康叔的后代，曹国是周文王之子曹叔的后代，和作为周公后代的鲁国一样，都是和周王室关系密切的姬姓诸侯。此次，齐国攻打鲁国，他们保持了中立，也就意味着两国默认了齐国的领导地位。

看到几个跟周王室关系密切的姬姓诸侯都低眉顺眼，齐桓公现在终于要腾出手来去收拾那个不听话的宋国了。这又是怎么回事呢？原来，宋桓公虽然在北杏之会的时候没有表现出不满情绪，但在同年冬天就背弃了北杏之盟。这让初尝霸主甜头的齐桓公很不爽。

在齐桓公看来，如果不收拾一下宋国，只怕过不了多久，其他盟友也会对自己爱搭不理。有好事时，大家伸手来抢，谁也不落后。有责任要分担时，个个都选择性失聪、失明，退到一边当吃瓜群众。这样的话，齐国当不当霸主又有什么意义？不行，对这样的国家必须狠狠地打击。

这次，齐桓公的排场摆得更大。他此前征鲁时，只带着齐国的军队，这一次却带着齐、陈、曹三国的军队。同时，齐桓公还向洛邑发出邀请，请周天子也派兵参加。

其实，当时的王师实力根本跟周成王、周康王时期没法比，但牌子却响亮得很。齐桓公现在需要的是大周的招牌，而不是大周的实力。要是王师的实力还像以前那么雄厚，齐桓公根本就不可能在北杏之会上成为周天子的代表。

三国出兵、齐桓公向周王室请师都发生在春天。同年夏，周僖王派单伯率王师来到宋国。不过，这支以王师为首的联军并没有真正跟宋国开战。

在内乱搏杀中获胜继位的宋桓公并不是傻瓜。本来齐、陈、曹三国的兵力就很强，如果没有特殊的机缘，自己就很难取胜。而周王室的加入，令三国攻宋的行为又套上了一层道义的光环。这时，宋桓公再不面对现实，乖乖低头，宋国就有亡国的危险了。就算不亡国，丢掉大片领土也是一定的。

于是，就在同年冬天，周王室的代表单伯与齐桓公、宋桓公、卫惠公、郑厉公在鄄地会盟，以和平的方式解决了这次宋国风波。第二年春天，齐桓公、宋桓公、郑厉公等人再次在鄄地会盟。

郑厉公之前没有参加以齐国为首的三国联军，也没有像卫惠公一样早就承认齐桓公的地位，为什么他要参与两次鄄地会盟呢？原因就在于他想巩固自己在郑国的地位，获取当代强者齐桓公的支持。

郑厉公名突，是春秋小霸郑庄公的次子。本来他是没有资格继承君位的，而大夫祭仲为他提供了这个机会。

祭仲是郑庄公时代的重臣，深受郑庄公宠信，一直掌握大权。虽然他的角色与齐国的管仲类似，但水平真的比管仲差远了。作为国君的亲信，祭仲当然不可避免地会参与国君继承人的确立。

郑庄公有很多妻妾，前后一共生了十个儿子。估计受母亲偏爱弟弟共叔段的刺激，他在选择继承人的时候并没有标新立异，而是按着惯例让长子忽当了太子。不过，祭仲却对这位太子的前途有些担忧。

郑庄公三十八年（前706），北戎攻打齐国。齐僖公派人向郑庄公求救。于是，郑庄公派太子忽领兵援救齐国，并派祭仲随行参谋。因为感念郑国的援助，齐僖公想把女儿文姜嫁给太子忽，可太子忽以两人身份不匹配拒绝了。

祭仲觉得太子忽的决定有些轻率，就对他说："国君有很多女人，您如果没有强大的外援，将来就很难坐稳君位。您的弟弟公子突、公子亹都会威胁到您的地位。"太子忽不听。

五年之后，郑庄公去世。祭仲拥立太子忽继位。太子忽就成了郑昭公。

按当时的惯例，诸侯就职后，首先得展开一场外交活动，展示一下自己的形象。郑昭公也不例外。不过，该怎么展示却是一个问题。

当时，几个国家都有插手郑国内政的想法，齐国就是其中之一。之前，齐僖公想把女儿嫁给还是太子的郑昭公，可惜郑昭公没有接受。齐僖公的如意算盘落空，但他并不死心。

另一个就是宋国。宋国为什么又对控制郑国感兴趣呢？原来被祭仲深深忌惮的公子突正是宋女雍氏所生，而雍氏深受宋国国君宋庄公的宠爱。宋庄公很想用公子突取代郑昭公，这样郑国以后就会什么都听宋国的了。

祭仲和郑昭公都把公子突和宋国当成潜在的敌人，但又不好公开化，正常的外交往来还是要进行的，因此去宋国开展外交活动的使者就有点不好找了。宋庄公听说郑昭公继位，也想知道郑国的虚实，就用了点小手段。最后，来宋国的使者就成了祭仲。

对此，祭仲欣然接受，反正他也正想探一探公子突和宋国的态度到底如何。而且，他也有理由相信宋庄公不敢对他怎么样，毕竟先主郑庄公的余威还在。哪知宋庄公不是一般人，一见到祭仲，就大叫"来人，把他抓起来"。

祭仲开始还以为是宋国在处理他们自己人呢，觉得宋庄公也太没有礼貌了，外国使者才到就干这事。没想到，宋国武士要抓的人就是自己。祭仲这才知道，自己这回是找死来了，只得乖乖就范。

其实，宋庄公并不是真的要杀祭仲，而是把祭仲扣留下来，跟他讲条件。祭仲虽然是郑国的重臣，却不是郑昭公的忠臣。宋庄公只是威胁了他一下，他马上就跟宋庄公达成了协议。协议的主要内容就是祭仲要拥立公子突为国君。与此同时，宋庄公还控制住公子突，并借此索取财物。

和宋庄公盟誓之后，祭仲就带着公子突回国，并让公子突秘密住在自己家里。郑昭公听说祭仲跟宋庄公订立了盟约，要拥立弟弟公子突为国君，觉得自己处境很危险，就跑到卫国去了。郑昭公一出奔，祭仲立刻拥立公子突为国君。公子突就是郑厉公。

郑厉公继位没多长时间，宋国就多次派人来索要财物。郑厉公实在不堪忍受，就联合纪、鲁两国攻打宋国。宋庄公也不甘示弱，派人去联系齐、卫、燕三国。

当时，齐国国君还是那位曾经想招郑昭公为女婿的齐僖公。齐僖公一接到宋国的请求，根本没有犹豫，立马同意合作。身为大国，谁会放过这个干涉他国内政的好机会呢？估计卫侯和燕公也是这么想的。于是，本来是宋、郑两国的矛盾一下子变成了七国大战。

这场大战的结果如何呢？按照实力来说，以宋国为首的四国联军略占优势，但真正的胜利者却是以郑国为首的三国联军。

本来，取得本次大战的胜利，郑国的好日子应该开始了，可郑厉公却觉得很不爽，他天天看着大权都牢牢控制在祭仲这个老家伙手里，自己跟招牌一样，就决定跟祭仲彻底摊牌。他的想法不错，可实施时却走了招臭棋。

郑厉公知道，祭仲是个实力人物，虽然胆子小，但老谋深算，要搞定他，得找个同盟军，否则自己容易翻车。经过一段时间的考察，郑厉公决定让雍纠成为自己的同盟军。

雍纠也并非无名之辈，不过他还有另外一个身份，就是祭仲的女婿。指望女婿去搞定岳父，郑厉公不是在搞笑吗？事实证明，还真不是。雍纠一得到国君的命令，就积极筹备，只是他的警惕性有点低，居然让老婆雍姬知道了他和国君的计划。

雍姬表面上不动声色，实际上却矛盾得要命。她觉得老公是自己的亲人，但父亲也是自己的亲人啊。帮了老公，父亲就得死；帮了父亲，老公就没命。她从来没有想到过，两个亲人的命运居然牢牢掌握在自己的手中。她犹豫了好一阵子，仍然不知道怎么解决这个矛盾，最后决定向她母亲求助。

雍姬问："母亲，父亲和老公到底哪个跟我更亲呢？"

她母亲倒干脆得很，直接回答："父亲只有一个。要是他死了，你就没有父亲了。老公呢？死了再嫁，你仍然有老公。"

雍姬觉得母亲说得太对了，于是就向父亲祭仲揭露了老公雍纠和郑厉公的阴谋。祭仲马上采取果断措施，抓住了女婿雍纠，并在闹市中当场杀死。雍纠一死，郑厉公根本没有力量跟祭仲抗衡，一边骂雍纠成事不足败事有余，一边逃出首都，跑到郑国边境的栎地去了。郑厉公出奔栎地，祭仲又迎回了郑昭公。

郑国闹了这么多场内乱加外乱，不管内政还是外交，都已经一塌糊涂。诸侯们听说郑厉公出奔，就不断过来猛打郑国。虽然没有从郑国占到什么便宜，却也让郑昭公在第二个任期一开始就手忙脚乱。不仅如此，宋庄公还给身在栎地的郑厉公增兵。虽然觉得弟弟很碍眼，但复位后的郑昭公并没有攻破栎地的实力，只好睁一只眼闭一只眼。

也许，跟美女文姜有纠葛的男人都注定要扮演悲情人物的角色。拒绝了文姜的郑昭公在他复位的第二年就丢掉了性命。卿士高渠弥在狩猎的时候发动政变，杀死了与自己有仇的郑昭公。郑昭公死后，高渠弥和祭仲不敢迎接郑厉公复位，就拥立了他的弟弟公子亹为新君。

遗憾的是，新君子亹和齐国新君齐襄公在两人还是公子的时候就结了仇。就在子亹继位的当年七月，齐襄公和各国诸侯在首止会盟，借故杀死了子亹。祭仲没有随子亹参加首止会盟，他和逃回来的高渠弥一起拥立了子亹的弟弟子婴。子婴在历史上被称为郑子婴。就在这一年，齐襄公唆使彭生"拉杀"鲁桓公。

此后，齐国和宋国先后陷入内乱，无力支持郑厉公的复位行动。郑厉公只好在栎地继续盘踞。郑子十二年（前682），权臣祭仲去世。郑子婴失去了最强大的支持者。郑厉公的复位之路终于看到了曙光。

郑子十四年（前680），准备了十几年的郑厉公在大夫甫假的帮助下杀死了郑子婴，复位成功。他虽然再次登位，但时时忧心自己的地位。强者父亲郑庄公生了十个儿子，先后有四个已经登上过君位，自己这次又能坐多久呢？十几年的流亡生活教会了郑厉公一件事，那就是必须给自己找个强大的依靠。这次，他选择了齐桓公。

复位后的郑厉公小心翼翼地参加了两次鄄地之盟。齐桓公也愉快地接受了。对于主动示好的郑厉公，齐桓公是欢迎的。父兄曾经几次试图对郑国内政产生影响，都出于种种原因没有实现，而他只用威望就做到了。

鄄地之盟是多赢的会盟，与会各方都很满意。按照主流的观点，这次会盟被视为齐桓公称霸的开始。

齐国助燕

到了齐桓公二十三年（前663），齐国的霸主地位已经相当巩固。就在这一年，北方的燕国却派使者来向齐桓公禀告，现在山戎正对燕国进行大规模的军事行动，燕国危在旦夕，请求齐国出兵援救。

对于山戎，齐国君臣并不陌生。早在先君齐僖公在世时，山戎就曾越过燕国，跟齐军在齐国境内打过一场。如今，四十多年过去了。山戎这次没有挑战齐国，却把接壤的燕国作为蚕食的基地。

面对燕国的求救，齐桓公第一反应就是等等再说。他现在正想跟牛气哄哄的楚国较量一下，打服不把他这个霸主放在眼里的家伙。齐桓公为什么要找楚国的麻烦呢？

原来，此时距离齐桓公称霸已经十几年。齐国经过这么多年的努力，又是帮助各国解决内忧外患，又是严格讲究诚信努力树立大国形象，终于把东边的诸侯都拉到自己身边。春秋第一霸主终于大获成功，但仍然有诸侯不服。是谁敢捋齐桓公的虎须呢？楚成王。

为什么是楚成王，而不是秦成公（秦穆公的哥哥）呢？这是有原因的。秦国在西边，又是新兴诸侯，跟东方诸侯往来很少，向来只集中精力在西边拓展自己的地盘，对其他诸侯没有什么威胁，这就使得很多诸侯这时还不把秦国当一回事。楚国就不一样了。楚国不但幅员辽阔，而且向来奉行强硬的对外政策，还是第一个敢于向周天子挑战的诸侯，最出名的特点就是蛮横。

楚国有多大呢？到楚成王的时候，楚国已经拥有江汉之地，并定都于郢，是个名副其实的大国。尽管如此，楚国却在政治上有个极大的劣势，那就是楚君的封爵并不高，只是子爵（诸侯的第四等）。

开始时，楚国人很自卑，老老实实地履行义务，可后来很快就发现，只要实力雄厚，根本就不用怕，于是心态急剧膨胀，也不再向周天子进贡了。

那时周王朝还是比较强盛的，周昭王一看楚国不履行义务就生气了，带着军队准备把楚国猛扁一顿，哪知最后反而被人家痛扁一顿，就连周昭王自己也死于非命。

周王室很要面子，对周昭王南征又死于非命的事一直不好意思明说，只是在大事记里写上"南征不复"之类的字样。从此之后，周王室就不敢再找楚国的麻烦了。

楚国尝了那次甜头之后，就更牛气了。到了周夷王时，楚君熊渠干脆封自己的三个儿子为王，让儿子跟周天子处于同一个级别。至于他本人，则是王的父亲。不过，熊渠也不是一味胡来，而是有自己的理论基础。熊渠到处叫嚣："老子就是蛮夷，根本不用遵从中原的习俗。"

此后不久，周夷王去世，周厉王继位。周厉王虽然是著名的暴君，但军事才能不一般，很快就把周边几个长期不把王室放在眼里的诸侯好好地修理了一番。熊渠一看，觉得自己再嘚瑟下去，恐怕要吃亏，就自行取消了王号。

周厉王虽然很牛，也是个敢于杀人的暴君，但绝对不是傻瓜，他很清楚，要是真的去跟楚国打仗，也不容易赢。现在熊渠既然自己认错，那是最好不过了，因此也不再追究下去。

虽然楚君在周天子面前认怂，但楚国扩张的野心并没有消停。取消王号的熊渠和他的后代们拼命吞并周边的小国，做大自家的蛋糕。据有关部门统计，本来大周旗下的诸侯有一百七十家，但在档案里只找到一百三十九家的确切地址。司马迁在《史记》里面只记载了鲁、卫、齐、晋、楚、宋、郑、秦、陈、蔡、曹、吴等十二个比较重要的大国。至于其他诸侯国，早就被这几个大国吞并，成为它们的一部分了。

仍然据有关部门统计，几个牛气大国收编小诸侯的成绩如下：

楚并国四十二；

晋并国十八；

齐并国十；

鲁并国九；

宋并国六。

一看这个成绩单，大家就知道楚国现在的实力有多强了。楚国的现任国君楚成王继承了历代先君的传统，对周边国家继续采用蚕食政策。这样，与楚国边界相邻的郑国处境就很悲惨。

郑国虽然先后出现了郑庄公、郑厉公这样的杰出君主，但此时的实力明显不如楚国。所以，楚国一咳嗽，郑国就发抖。楚成王六年（前666），楚国令尹子元就曾率军大举伐郑。

楚国的行径让齐桓公很不舒服。此前郑国的先君郑厉公曾参加过齐桓公主持的鄄地之盟。郑国是齐的盟国，楚国进攻郑国，就是不给齐桓公面子，必须教训一下这个不知好歹的家伙。正在这时，燕国使者来到了齐国，请求齐国出兵援救。

面对燕国的求救，齐国高层的意见不一致。齐桓公认为，山戎就是纤芥之疾，完全可以等教训完楚国再说。管仲则认为，应该先救燕国。

管仲当然知道，要是彻底把楚国打倒，肯定心情很舒畅，可楚国那么好搞定吗？要是真正开战，多半就要打持久战，那时燕国很可能就已经挺不住了。山戎要是吞并了燕国，后果就严重了。

众所周知，山戎是有名的好战分子。从先君齐僖公时代过来的人都清楚齐国和山戎那场大战。要是山戎占领了燕国，且不说它从国土面积到人口数量立马壮大了无数倍，那时山戎和齐国将直接接壤，再也没有缓冲的余地。如果齐国正在跟楚国咬牙死磕，突然后方被山戎袭击，那可就有亡国的风险了。因此，必须先打败山戎。

更重要的是，打败山戎还有两个好处：一是从此之后燕国也会成为齐国的粉丝，加入以齐国为首的诸侯联盟；二是巩固齐国的霸主权威，让加盟各国对齐国更加信赖和顺从。

齐桓公一听，仲父分析得太有道理了，于是就听他的，发兵援助燕国。

齐桓公二十三年（前663）冬，齐国起兵助燕。在齐鲁边界的济水，齐桓公遇到了鲁庄公。自从齐桓公确立霸主地位之后，鲁国一直扮演着亲密支持者的角色。这次，一听说齐国要去进攻山戎，鲁庄公马上就跑到齐鲁边境来见齐桓公。

史书并没有明确记载这次会见的内容，但结果很明白，齐国独自踏上了平定山戎的征程。也许鲁庄公提出了出兵请求，齐桓公没答应。毕竟齐国的实力已经空前强大，根本不需要鲁国的帮忙。不过，更有可能的是，齐桓公牢牢记住了管仲的分析，让燕国成为齐国的粉丝，这要是鲁国半路插一杠子，燕国不也得回报鲁君的情谊？

山戎虽然让燕国全国上下无不惊骇，但在齐国面前却不堪一击。两军一交战，山戎就被齐国一阵痛扁，立马大败，向北狂逃，一直逃到孤竹国。一看山戎逃跑了，齐桓公下令追击，于是大军向孤竹国开过去。

孤竹国国君答里阿派大将黄花跟山戎首领密卢一起迎敌，结果被齐军打得大败。这时，孤竹国君臣才知道齐国军队的实力，真是不能硬碰硬。于是，两人绞尽脑汁，终于想出了计策。

齐军打赢了到孤竹国的第一战，觉得孤竹国也不过如此，估计再加把劲儿很快就可以消灭山戎和孤竹国了。这样一来，连高贵的王室后裔燕国也要跟鲁国一样成为齐国的铁杆粉丝了。

要知道，燕国的国君是召公的后代，召公的历史地位仅次于鲁国的祖先周公啊。以前，周公和召公都是周王朝的执政大臣，比周天子威望还要高。现在，他们的后代全都成了齐国的粉丝，其他国家还有什么话说？

齐桓公一想到这些，就很兴奋，恨不得马上打垮孤竹国。哪知道还没等他下令冲锋，就有人来禀报，孤竹国大将黄花求见。

齐桓公觉得很奇怪，两军交战，黄花来做什么。

"报告国君，就他一个人。他说，他是来投降的。"

齐桓公叫人把黄花带进来。

黄花进来时，一脸的笑容，手里提着一颗人头。

黄花说："这是山戎首领密卢的头，是我砍下来的。我为什么要杀他？我早就劝我们国君不要跟山戎一起跟您作对，他就是不听。上次吃了败仗之后，他还决定穿过瀚海去请救兵。我劝他，他仍然不听，半夜里已带着全城的人出去了。我没有办法，就砍了山戎首领密卢的头前来投降。以后，我就当您的部下了。"

齐桓公听了之后半信半疑，就叫人来辨认那颗人头，确认是山戎首领密卢的头颅。随后，他们又发现，果然城也空了。于是，黄花提议，由他做向导带领大家去追杀孤竹国的国君答里阿。齐桓公觉得没毛病，就同意了。于是，齐军就在黄花的带领下开始了新一轮的追击。

很快，黄花就带着大军进入了一个叫"迷谷"的地方。哪知道一进迷谷，全军马上就乱了套，分不出东南西北了。管仲叫人把黄花找来，可那个家伙早就溜走了。管仲意识到上当了。

齐桓公一看，在这个一眼望不到边的沙漠里，估计过不了几天，大家都得渴死，怎么办才好呢？管仲一言不发，默默地想着对策。他知道，如果现在他也跟齐桓公一样慌了手脚，自己这一行人就死定了。所以，他必须冷静。

齐桓公看到仲父站在那里，面对滚滚风沙，一脸的苍凉和肃穆，只觉得问题更加严重了，就对管仲说："仲父，你千万要想出办法啊！"

管仲四处找出路，可四周的景象都是一样的，好像哪里都是出路，又好像哪里都不是。风越来越大，也越来越冷。所有人的目光都投向了他们敬爱的管仲。管仲在大家的目光下第一次感到自己的智商受着严峻的考验！连马儿都已经受不住了，在风中发出长长的嘶叫声。

管仲看到马儿，脑海里突然灵光一闪，虽然自己这些人没有到过这个地方，一时又找不到向导，但这些马中有很多是这次北征缴获的，它们肯定到过这一带。

于是，他马上下令，找来几匹老马，让它们在大军前面走，它们往哪儿走，大家就往哪儿走。这个办法果然大见成效，很快大家就回到了原路。

黄花做梦也没想到齐国军队会一个不少地活着杀回来。他吃了败仗之后，就知道，再打下去，自己肯定会死得很难看。于是，孤竹国君臣经过一阵密谋之后，达成了共识：不能硬碰硬，只能智取。具体做法就是，杀死山戎首领密卢，由黄花拿着密卢的脑袋诈降，骗取齐国的信任，然后把齐军带进沙漠。这样一来，人生地不熟的齐军很快就会全体死光。

可惜理想很丰满，现实很骨感。他们看到齐桓公和管仲双双上当，都以为大功告成了，结果齐桓公君臣硬是找到了出路。齐桓公和管仲带着军队回来时，发现到处乱糟糟的，很多百姓都在逃难，就派人过去问情况。百姓们把孤竹国君臣卷土重来的消息告诉了他们。

管仲马上派出了一支执行特殊任务的小分队，让他们化装成难民，然后混进城里，等大军攻城时，打开城门。而城中的孤竹国国君答里阿和大将黄花以为齐军已经全军覆没，正高兴着呢。

管仲的进攻命令是在半夜里下达的，大家从四面八方向城里发起了猛烈的进攻。答里阿和黄花急忙起来，大喊关好城门，坚持到底。他们并不知道，管仲早已派人混进城里。

这时，事先潜伏的齐军小分队开始发挥作用，很快打开了城门。齐国大军一拥而入。答里阿和黄花都死在乱军中。此役之后，孤竹国从历史舞台上彻底消失。

山戎和孤竹国相继灭亡，让燕庄公松了一口气，他对齐桓公充满了感激之情。哪知道他还得到了更多的实惠。齐桓公把辛苦打下来的山戎和孤竹国地盘都送给了燕庄公。感激涕零的燕庄公舍不得离开齐桓公，到了燕齐边境都没有停下来，最后竟然送到了齐国境内。这下可麻烦了！

燕庄公只是过分殷勤而已，为什么会麻烦了呢？原来诸侯送别是有规定的，齐桓公就很清楚。他对高兴过头的燕庄公说："按照周礼的规定，诸侯送诸侯不能过自己的国界。寡人不能对您无礼。"于是，齐桓公就下令开挖界沟，把燕庄公所到之处原属齐国的土地送给了燕国。

当然，齐桓公的这一着是一种"政治秀"，是做给诸侯们看的，想让大家看到霸主的风度。果不其然，诸侯们听说此事之后都对齐桓公异常钦佩，纷纷跟随齐国，齐桓公的霸主地位也更加巩固了。

齐楚相争

北边的问题解决了，齐桓公又把目光投向了南方。具体来说，就是投向了楚国。此时，楚成王在做什么呢？楚成王很忙，忙着巩固内政，忙着蚕食郑国。

就在齐桓公北征山戎的同年，楚成王平定了令尹子元之乱，彻底掌握了楚国大权，随后又花了数年时间来巩固政权。当一切准备得差不多了，楚成王和他的大臣们又打上了郑国的主意。

这时，雄才大略又一生坎坷的郑厉公已经去世，在位的是他的儿子郑文公。郑文公也许才能比父亲差一些，但绝对不是傻瓜，在继位之初就投向了齐国的怀抱，参加了幽地会盟。这就保证了郑国一旦受到攻击，齐国就会前来援助。

可以说，在自己实力不足的时候，这是一种非常聪明的做法。一般的国家不会自找麻烦，去跟强大的齐国对抗。可楚国不是一般的国家，它的国君楚成王也不是一般的君主。楚成王很明白，要增加楚国的实力，就必须蚕食郑国。至于齐国，它算哪棵葱？大楚是连周天子也敢挑战的！

楚成王是个办事讲效率的人，决定才一形成，就马上带着部队向郑国进发。郑文公哪里扛得住楚国的进攻，急忙向齐国求救。

其实，郑国的求救正中齐国下怀。早在北征山戎之前，齐桓公就想发动一场齐楚之战，教训一下楚国这个刺儿头，只是后来因为腾不出手来才作罢。现在楚国居然主动向齐国挑衅，齐国当然不用客气了，而且还名正言顺呢。

不过，齐桓公也知道楚国不是山戎，不是鲁国，而是一个老牌强国，不但幅员辽阔，而且战斗力很强，只有发动突然袭击，才有取得胜利的可能，因此他并没有大张旗鼓宣布讨伐楚国。

按齐桓公的意思，最好的做法就是大军快速到达郑国，突然出现在楚军面前，先把楚军吓住再对他们进行打击。之前他们就这么对付过攻郑的楚国令尹子元。可楚成王不是子元，不能这么办。此时齐国高层中另一种声音占了上风，那就是直接去救郑国，不如直接去进攻楚国。当然，不能单干，得联合诸侯组成联军，对楚国来个群殴。

不过，楚成王是个很有头脑的人，联合诸侯这样的行动绝对瞒不过他。怎么办才好呢？有了，号召诸侯先去征讨蔡国，再趁机把战火烧到楚国境内。就这么办！为什么要把征讨蔡国当成借口呢？这还要从齐国和蔡国的纠葛说起。

齐桓公的小妾蔡姬是蔡国之君蔡穆侯的妹妹。当时诸侯之间互相通婚的很多。说起来，大家都是亲戚，只是有些亲戚一点都不亲罢了。齐桓公和蔡姬就属于政治联姻。

开始的时候蔡姬很受宠，齐桓公还带着她坐船游玩。蔡姬很高兴，而且一高兴，就晃起船来。齐桓公虽然不怕楚国，不怕山戎，却怕水，船一晃就怕得大叫起来，急忙叫蔡姬停下。蔡姬觉得很好玩，就继续晃。齐桓公更害怕了。过了好一会儿，蔡姬才尽了兴，停止了晃船的动作。她自己会水，当然不怕，却没有考虑到自己老公怕水。再加上她老公是一国之君，于是蔡姬悲剧了。

蔡姬觉得很快乐，可齐桓公很生气，上岸之后，当场就办理了离婚手续，把蔡姬送回了蔡国，还跟蔡国断绝了外交关系。蔡穆侯也很生气，觉得齐桓公小题大做，毫无霸主风度，就把妹妹又嫁给了楚成王。

楚成王一看，蔡穆侯主动来结交自己，非常高兴，立马就把蔡姬收下了。楚成王能不高兴吗？蔡国一向唯齐国马首是瞻，现在主动向自己靠拢，说明自己比齐桓公那家伙更有魅力。至于蔡姬，不过是楚、蔡两国友好关系的象征罢了。就算她丑出天际，楚成王也不会说什么。何况蔡姬还长得很漂亮。

齐桓公知道后，又生气起来：老子堂堂诸侯霸主，蔡侯这家伙居然还敢把我曾经的小妾送给熊恽（即楚成王）那小子？哼，纯粹是找死！此时，齐国高层提出先进攻蔡国再攻打楚国的方案，正中齐桓公的下怀。

计议已定，齐桓公马上发出号召，带领齐、鲁、宋、陈、卫、曹、郑、许八国军队向蔡国浩浩荡荡进发。

蔡国本身是个小国，实力又不强，根本没办法抵挡诸侯联军的打击，很快就败下阵来，就连国君蔡穆侯也被活捉。接着，以齐国为首的诸侯联军连招呼也不打一个，继续南下，攻入楚国境内。

齐桓公一连串的动作弄得楚国人眼花缭乱，一时竟没有做出任何反应。齐国君臣心中暗喜，如果事情照这个方向发展下去，楚国恐怕要步蔡国的后尘了。没想到楚成王很快就反应过来，并派使者到齐桓公军中。

一看楚成王派使者来了，齐桓公等人只好暂时停下来，打算弄清楚使者的来意再做打算。

其实，齐、楚两国目前陷入了"麻秆打狼两头怕"的局面。楚成王是一位有作为的君主不假，但他不知道齐桓公等人攻楚到底要实现什么目标，因此犹豫不决的他派使者到齐桓公那里，为的是摸清对方的底细。

当然，齐桓公采取不进攻的策略还是正确的。跟楚国对抗，如果不能突然之间将其秒杀，让它有了喘息的机会，就很难在短时间内脱身。现在虽然是多国联军，但除了齐、鲁两国之外，其他都是小国，实力不济。要是真的开战，打得久了，它们肯定坚持不住。到时，多国联军反而会成多重麻烦。最终结果如何，真的不好预测，倒不如先看看楚国人是怎么想的。如果楚国想打，就要认真考虑一下战略；如果楚国还有别的想法，那也可以商量。

于是，管仲跟楚国使者双方举行了双边会谈。

楚国使者说："我们大王委托我来请教齐君，您在北方，寡人在南方，两国之间从来没有什么利害冲突，没想到您突然到我国来，是什么原因呢？"

管仲也以齐桓公的口吻回答："以前，召康公（与周公共同担任周成王的辅政大臣）曾经给先君太公下过一道命令，命令的内容就是，以后哪个诸侯不服从周天子，东到大海，西到黄河，南到穆陵，北到无棣这个范围内的，都由齐国去处理。楚国长期以来都不向周王室进贡应该进贡的包茅，使得王室在祭祀祖先时不能过滤酒，所以寡人要来征讨楚国。另外，当年（周）昭王南征，最后堂堂天子竟然在汉水丧命，所以寡人要来问问原因。"

注意，管仲在这里列出的两大罪状，绝对是有深意的。

第一条罪状里提到的包茅，其实就是几捆茅草，在南方到处都有，是滤酒专用品。这个罪名的弹性很大，要是认真追究起来，是可以灭国的。因为少了这个东西，周王室的祖先在另一个世界就不能享受过滤后的酒。万一祖先因此不高兴，不保佑周王室了怎么办？在当时，得罪祖先会带来很严重的后果。

当然，如果睁一只眼闭一只眼，也不是不行。不就几捆茅草的事情吗？祭祀祖先要用包茅滤酒是周礼的规定，这么多年来，没有包茅滤酒，大周不也没有亡国吗？这说明祖先不一定要喝滤过的酒啊！

比起第一条罪状，第二条罪状的弹性就更大了。这个罪状翻的是旧账，把好几百年前的周昭王之死摆到了台面上，说是楚国的先君害死了周昭王。这件事说来就更不靠谱了。

大家可以想一想，连周王室多年来都没有追究，齐国此时提出这件事，简直就是强词夺理。再说，周昭王之死完全是咎由自取，弄得整个王室灰头土脸，就算他是现任周天子的父亲，估计周天子也不会为他讨这个公道。

管仲列的这两条罪状，都是有弹性的，是打是退，都给自己一方留下了主动权。楚国使者绝对也是个外交老鸟，一听管仲的话，马上就做出了答复。他的回答包括两点：第一，爽快地承认了不进贡包茅的错误，表示以后一定按时供应；第二，坚决否认周昭王之死跟楚国有关。

既然跟楚国无关，那跟谁有关呢？他对管仲说，"君其问诸水滨"。意思是说，您想知道原因，去问滔滔江水吧。说江水知道，其实就跟说鬼才知道差不多。

此次会谈并没有达成共识。会谈结束后，诸侯联军继续进发，并驻扎在陉山一带。这时，楚国也已经做好了准备，跟诸侯联军对峙。不过，双方都没有展开主动进攻。

到了这时，大家心里都有了数，这仗根本打不起来，关键就在于怎么收场。这次又是楚成王主动伸出了手。楚成王派大将屈完为使者去见齐桓公。屈完和上一次的使者大有不同，他是带着兵去的。

一看楚国派来的使者是屈完，为了表示诚意，齐桓公命令全军退到召陵，并请屈完登上战车随自己一同检阅军队。虽然早想和平解决此次事件，但齐桓公还是不打算放过屈完，就对他说："您看，指挥这样的军队去打仗，什么样的敌人能抵抗得了呢？指挥这样的军队去进攻城池，有什么样的城池拿不下来呢？"

屈完也很不客气地回答："如果您用德行来安抚天下诸侯，谁敢不服从呢？如果只凭武力，那么我们楚国可以把方城山当城，把汉水当池，城这么高，池这么深，您的兵再多，恐怕也无济于事。"

当然，齐桓公和屈完也只是斗嘴而已。其实，齐桓公和管仲早就想和平解决此次事件，这回看到楚成王又派使者过来，就知道事情成了。于是，双方经过友好协商，最终达成了共识：（1）楚国承认不按时进贡包茅的错误，以后每年按时进贡；（2）楚国与齐国等国在召陵举行会盟。

这个可以说是一个双赢的结果。对于楚国来说，承认了一个错误，但避免了一场大战，仍然是合算的；对于齐国来说，带着诸侯联军来找楚国的麻烦，虽然没取得什么实质性的胜利，但面子已经赚够了。连实力雄厚的楚国都在自己面前认错，说明齐国的影响力不只对东方诸侯有效。

很快，齐、楚等九国在召陵举行了会盟，楚国正式加入了以齐桓公为首的诸侯联盟，承认齐国的领袖地位。随着齐、楚两国达成谅解，那位倒霉蛋蔡穆侯也在诸侯们的求情下获释。

拥立周襄王

召陵之盟让齐桓公的霸主事业登上了新的高峰，但这并不是结束。此后，齐桓公还成功地干涉了周王室继承人的确立。

说起来，这似乎更像是齐桓公分内之事，毕竟他称霸的口号就是"尊王攘夷"。现在周王室出了问题，齐桓公当然要全力以赴。这是怎么回事呢？

原来，现任的周天子周惠王遇到了为难的事。这件事说起来也跟他的私心有关。周惠王先娶陈国女子为后，生太子姬郑。陈后去世之后，他又续娶了新王后，大家都称她为惠后。惠后为周惠王生下儿子叔带。周惠王很喜欢惠后，就想免去姬郑的太子之位，让惠后的儿子叔带当太子。

于是，来周王室朝觐的诸侯们经常会看到太子姬郑和王子带一同出席各种活动。齐国的使者也不例外，而且还比其他国家的使者见到的次数更多。为什么齐国使者出现在洛邑的次数更多呢？

原因不难理解。齐国自从当上诸侯霸主后，不管是用文明的方式还是粗暴地干涉了其他诸侯国的内政或者打败戎狄之后，总是很有礼貌地派人跑到洛邑，向周天子进行汇报，说是完成了王室交给的任务——其实，连周天子也不知道这个任务是什么——以表明自己的做法完全是合理合法的。

估计这次齐桓公派去的使者是个政坛老鸟，说不定就是专管齐国外交事务的隰朋。总之，齐国使者发现周王室有易储的危险后，就及时向齐桓公做了汇报。

齐桓公一听，很高兴，终于可以名正言顺地干涉王室事务了。要是自己能保证太子姬郑顺利继位，那齐国的霸主之位就能最大限度地得到保障。要是周王室再次发生内乱（周惠王继位之初就发生了王子颓之乱），各国都来浑水摸鱼，齐国的霸主地位就可能动摇。那可不行，必须保证姬郑的太子地位不动摇。

怎么做才好呢？这当然难不住齐桓公君臣，老办法——会盟！请太子姬郑作为周天子的代表到会指导工作。只要姬郑出席了大会，让大家全面认可了他的继承人地位，就算周惠王再有别的想法也没有什么用了。

想到就要做到。于是，齐桓公立马派人通知各诸侯，到卫国的首止会盟。时间是齐桓公三十一年（前655）八月。参与会盟的有齐、鲁、宋、陈、卫、郑、许、曹等八国，基本上延续了召陵之盟的阵容。

以往齐国大会诸侯时，周王室基本上都不会出席，有时连使者也不派，可本次首止之盟却派出了重量级人物太子姬郑。更出乎意料的是，在大会上齐桓公还带着大家一齐向姬郑行礼，对姬郑表示出特别敬重的样子。太子姬郑的人气一下子大涨。

　　周惠王很生气，觉得齐桓公实在太不像话了，管闲事居然管到王室头上来了，现在是管太子的事，估计没多久就会对王室其他事情说三道四了。真是岂有此理。

　　不过，周惠王虽然生气，但也清楚，齐桓公、管仲君臣根本不会把自己的生气当一回事，可他又实在咽不下这口气。最后，他绞尽脑汁终于想出了办法——既然自己没有实力，为什么不借用别人的实力？现在能有实力跟齐国抗衡的只有楚国了。就叫楚国跟齐国打一场，不管谁胜谁败，自己都不吃亏，就这么办！

　　于是，周惠王派出头号助手宰孔（即周公忌父）去见郑文公，命郑文公迅速跟楚国取得联系，并联合晋国，打垮齐国这个纸老虎。至于理由，则是现在齐国正把太子姬郑扣留在首止。

　　周惠王头脑不冷静，郑文公同样没有意识到自己的问题所在。作为长期处在齐、楚两大强国之间的“夹心饼干”，郑国根本没有实力对其中任何一方造成威胁。以前，齐、楚两国较劲的时候，郑国就是检验两国实力的练兵场，郑文公被打得满世界乱跑，差点儿死掉的次数绝对不止一次。好不容易两强在召陵达成和解，郑国才过了几天平安的日子。

　　实事求是地说，从此以后小心翼翼，夹着尾巴做人，尽量不要搅入是非当中，对郑国来说，才是正确的生存之道。可一见周惠王这封信，郑文公就把什么惨痛的教训都扫出了记忆，以为自己出头的日子马上就到了。他实在太激动，根本不顾孔叔的良言相劝，很快就从首止溜走了。

　　虽然郑文公溜走让首止会盟出现了一个不和谐的小插曲，但齐桓公的目的还是达成了，成功确立了太子姬郑的王室继承人地位，并把姬郑妥善地送回了洛邑。谁都看得出来，齐桓公这是在向周惠王示威。而郑文公还在执行周惠王交给他的任务，派人前往南方联系楚成王。据说，这位使者就是大夫申侯。

这下，郑文公可捅了马蜂窝。于是，他的"好日子"开始了。先是齐国会同参与首止之盟的部分盟国猛攻郑国，楚国围许救郑，暂时解除了郑国的危机。没想到第二年春天，齐国又单独出兵攻郑。这次楚国没有出手，郑国只好自己硬扛。可惜实力太弱，郑文公只好向齐国求和，并把所有的罪名都推到大夫申侯的头上。为了表示诚意，郑文公还砍掉了申侯的脑袋。

可惜，齐桓公不为所动，又召集鲁僖公、宋桓公等人在宁母会盟，准备解决郑国的问题。郑文公很紧张，生怕齐桓公再次发兵，就派太子华带着郑国代表团去宁母见齐桓公。

本来郑文公认为虽然自己一时不慎得罪了齐桓公，但派一国的太子带队去拜见他，这诚意足够了，齐桓公肯定会答应自己的请求。没想到，太子华到了宁母之后，最先做的不是表达父亲的诚意，而是打起了自己的小算盘。

其实，这也不能完全怪太子华，实在是因为他太没有安全感了。郑文公虽然是"夹心饼干"郑国的国君，经常受气，但个人生活还是比较幸福的。他有不少儿子，光受他宠爱的就有五个。这让太子华深感威胁，生怕父亲哪天让自己"下课"。

为了摆脱这种不安全感，太子华竭力想找人帮忙，巩固自己的地位。于是，他找到了人称"三良"又深受郑文公宠信的三位老臣孔叔、叔詹、师叔。哪知这三个人是正直的老臣，都拒绝了太子华。

太子华本来想叫他们帮自己的忙，没想到被兜头泼了一盆冷水，于是决定好好收拾一下这三个家伙。当然，现在郑文公很看重这三个人，因此他万万不能直接向他们下手，估计他的手还没下，郑文公的大刀就已经先砍下来了。太子华想了一个办法，就是要借齐桓公的手把三位老臣杀掉。齐桓公要杀什么人，郑文公能管得着吗？

于是，太子华见了齐桓公之后，马上就对齐桓公说："您知道是谁叫我父亲不听您的话，跟您对着干的吗？"

齐桓公说："不是那个申侯吗？"

太子华说："我父亲能听申侯那个傻瓜的话吗？告诉您吧，是孔叔、叔詹、师叔这三个人啊！如果您能杀掉他们，并和敝国讲和，我就会让郑国像内臣一样侍奉您，这对您来说也没有什么不利之处啊！"

齐桓公一听，觉得很有道理，就准备答应他。如果现场只有齐桓公一个人，太子华的图谋就会很容易实现，可那里偏偏还有管仲。这样一来，事情就有了变数。

齐桓公虽然全盘相信了太子华的话，但他有个优点，不管做什么事，无论是内政，还是外交，都要去问问管仲，也就是说，最后拍板权全在管仲那里。

太子华这件事，齐桓公当然也去问了管仲。管仲一听老板的话，就知道这全是太子华的把戏。于是，他对齐桓公说："您一向以遵守周礼和讲信用闻名于诸侯，现在要钻郑国这个空子，会大大损害您的名声。"

齐桓公有点不甘心，对管仲说："我们召集了这么多国家去攻打郑国，至今也没有取胜，现在好不容易有机会，难道要白白放过吗？"

管仲不慌不忙地给出了答案："如果您接受了太子华的条件，就让自己处于不利的地位了。本来事情的主动权掌握在您的手中，您不仅以德服人，还对他们进行适当的训诫。这样您再率领诸国攻打郑国，郑国亡国就在眼前，怎么会不害怕？如果答应了太子华，您之前的努力不都白费了吗？再说，孔叔、叔詹、师叔三人在郑国号称'三良'，根本不会让咱们有机会钻郑国的空子。"

齐桓公一听，立马拒绝了太子华的要求，然后还不怀好意地让郑文公知道了这件事。

郑文公一听就急了，郑国危在旦夕，太子华还在打自己的如意算盘，马上派人解除了太子华的职务。可事情还没有解决，郑文公又派人去跟齐国签订盟约。

还没等盟约签好，引发这一切的周惠王就去世了。他原来想传位给爱子王子带，可因为太子姬郑有齐国的支持，他的这个想法一直没有实现。

太子姬郑生怕自己坐不稳周天子的位子，根本不敢发丧，只是悄悄派人告诉了齐桓公。既然周惠王死了，郑文公又服了软，齐桓公也没有过多矫情。他很快就在洮地举行会盟。与会诸侯国包括郑国在内都宣布拥护姬郑继位，彻底堵死了惠后的野心之路。姬郑就是后来的周襄王。

监护人宋襄公

一路走来，齐桓公和管仲几乎一直在他国（包括周王室在内）的继承人问题上扮演仲裁者的角色。其实，齐国本国的继承人才是最该早点确定下来的。毕竟齐桓公这位君主太出色，为齐国赢得了霸主之国的荣誉。继承人要是选不好，别说保不住霸主的桂冠，搞不好齐国还会出现内乱。

齐桓公其实认真思考过这个问题，并和管仲有过商量。齐桓公先后有过三位夫人，其中包括一位来自周王室的王姬，可惜她们都没有生儿子。后来，齐桓公又陆续娶了不少小妾，其中有六个最受宠爱。受宠的小妾们每人都生下了一个儿子。也就是说，他的儿子全部是庶子。如果按照惯例，年龄最大的儿子将会成为太子。但是，年龄最大不一定水平最高啊！为了齐国的霸业着想，还是立一个有水平的当太子吧。

对此，齐桓公并没有太多抵触。他本人就是父亲齐僖公的第三子。于是，齐桓公和管仲商量过后，决定立公子昭为太子。

继承人的问题终于解决了，齐桓公很兴奋，不过很快又郁闷起来。之前他因为耳根子软，已经答应立公子无亏为太子。现在又和管仲决定让公子昭当太子，兄弟俩会不会打起来？要是双方真的动起手来，就麻烦了。可对各路诸侯横眉冷对的齐桓公偏偏又是个心软的老父亲，根本不可能像郑文公那样先把无亏的头砍下来，免得以后麻烦。

到底他还是更疼爱公子昭一些，他和管仲商量要为公子昭选一个人品好、有水平的人当监护人。

这看起来像是个好办法，实际上却未必。为什么这么说呢？因为让其他诸侯来当齐国太子的监护人，不等于把霸主的权力交到人家的手中了么？到时候，公子昭能保住自己在齐国的权力和地位就不错了，而且这样的情况还得建立在这位监护人人品非常高尚的基础上。不得不说，这是齐桓公、管仲这对组合少有的败笔。

齐桓公这辈子最大的成功就是得到了管仲，做得最正确的事就是把全部权力都交给管仲。而管仲这辈子最大的成功也是遇到了齐桓公，使自己能够全力在历史的舞台上放开手脚，成为后世很多政治家的榜样。就连诸葛亮在出山之前也常以管仲、乐毅自比。

当然，管仲的优点很多，更把自己的老板齐桓公推向了春秋第一霸主的宝座，但仔细分析一下，我们就会发现，他这辈子同样犯了一个巨大的错误，那就是没有在执政过程中为齐国培养好储备人才。这就造成了他能很轻松地为他的君主定下继承人的人选，齐国执政人才却青黄不接的局面。这也是他和齐桓公君臣不得不找一位诸侯来做公子昭的监护人的重要原因之一。

那么，齐桓公和管仲为公子昭选的这个监护人是谁呢？就是后来赫赫有名的宋襄公。宋襄公就是结束宋国内乱、杀死南宫长万的宋桓公的儿子。也许他在其他方面有不足，但人品超级好。本来他父亲很早就立他为太子，可他想把太子之位让给哥哥目夷。目夷认为自己是庶子，弟弟是嫡子，坚决不接受弟弟的转让。最后，宋襄公只好自己登上了君位，任命哥哥目夷为相。

也许齐桓公和管仲正是看到这一点，才觉得宋襄公是个大好人，把齐国的后事托付给他，肯定没问题。一旦公子昭的权力稳固之后，宋襄公就会把霸主的大印返还给齐国。

可以说，这个想法真的很天真。宋襄公就算人品再好，也是一国诸侯，他可以跟自己的哥哥互相谦让，不代表他就没有称霸的雄心。不过，齐桓公却全面接受了这个方案。

齐桓公三十五年（前651），刚刚继位的宋襄公参加了齐桓公召集的葵丘之盟。有观点认为，就在这次代表齐桓公霸主事业巅峰的会盟中，齐桓公亲自把公子昭托付给了宋襄公。也有观点认为，齐桓公不可能一开始就信任乳臭未干的宋襄公。不过，无论真相如何，宋襄公与齐桓公关系密切倒是实情。他先后参加了由齐桓公主导的咸之会、牡丘之会、淮之会，并一直唯齐国马首是瞻。

葵丘之盟不仅让齐桓公走向了霸主事业的巅峰，还让周襄王大大松了一口气。有齐国的支持，想必讨厌的弟弟王子带不敢再来找麻烦。可惜树欲静而风不止。

齐桓公三十八年（前 648），不甘寂寞的王子带跟犬戎和狄国联合起来，向洛邑进军，想要废黜哥哥周襄王，然后自己做周天子。周襄王急忙向齐国求救。齐桓公派管仲带军队过去增援王室。结果，叛军大败。

周襄王非常感激管仲，就想用上卿的礼节来接待他。没想到管仲拒不接受。他对周襄王说："感谢您的好意。小臣只是您的臣下的臣子，怎么敢接受上卿之礼呢？"周襄王不同意。管仲多次推辞，最后以下卿的礼节去拜见了周襄王。平周之战也是管仲在历史舞台上最后一次辉煌。

齐桓公四十一年（前 645），操劳一生的管仲病倒了，而且病势很沉重。齐桓公也知道，仲父这次真的要离开了，就急忙问他谁可以接替他的职位。管仲回答"知臣莫如君"。齐桓公就把自己心目中的人选提出来了，结果统统被管仲否决。其实，管仲并不是嫉妒，而是认为齐桓公提到的那几个人都是小人，任用他们会给齐国带来灾祸。

不久，管仲就去世了。就在管仲去世的同年，隰朋也去世了。此时，辅佐齐桓公成就霸业的贤臣们几乎凋零殆尽了。齐桓公很遗憾，但遗憾过后就把管仲的话扔到了耳朵后面，重用了那几个被管仲唾弃的小人。可能晚年的齐桓公太郁闷吧，觉得这几个小人最起码还会让他开心。

不过，齐桓公也为自己的一时任性付出了惨重的代价。管仲去世后，齐桓公那五个深受宠爱的儿子就开始争权。受到他重用的小人们也利用手中的权力参与到五公子的搏杀中。

管仲去世两年之后，在位四十三年的齐桓公病死。结果他的儿子们光顾着争权夺利，让父亲的尸体在床上停了六十七天，尸虫都爬出来了。直到公子无亏继位为新君，才把齐桓公装殓到棺材里。

无亏继位并没有让齐国从此安定下来。三个月后，无亏被杀，公子昭在宋襄公的帮助下回国继位，就是齐孝公。齐孝公元年（前642）八月，齐桓公终于下葬。然而，经此一乱，强大的齐国直线衰落，失去了霸主之位。

第四章
秦晋也不甘寂寞

秦穆公的长远眼光

在以齐国为首的东方诸侯进行激烈的竞争时，楚国也曾一度加入，但晋国和秦国却一直没有参与。这两家诸侯很有自知之明，并没有对成为霸主表现出兴趣。这时，秦国的国君就是后来大名鼎鼎的秦穆公。

秦国此前的战略就是把目光放在西边，紧盯着自己周围的几个小国，只要抓到一丝机会，就猛然出手，以便让自己的地盘逐步扩大。因此，秦国虽然立国较晚，周平王东迁时才正式成为诸侯，但国土面积并不小。

除了逐步扩张地盘，秦国的几任国君经过细致缜密的分析之后发现，要想让秦国更加强大，光平定西边几个小国，还是不行的。因此，他们把都城迁到了经济发达的地方，为秦国做好东进的准备。

这样一来，经过几代国君的努力，到了秦穆公时，秦国就成了与齐、楚、晋等强国同一级别的大国。

秦穆公名任好，是秦德公的小儿子，秦宣公、秦成公的弟弟。他登上历史舞台之时，正是齐桓公霸业的鼎盛时期。他目睹齐桓公召集诸侯会盟，威风凛凛地驱使各国诸侯。虽然史料并没有明确的记载，但身为后生晚辈的秦穆公难免在心里对齐桓公羡慕得要命，想着哪一天也能像齐桓公那样。其实，就算秦穆公真的这样想，也无可非议。

更可贵的是，秦穆公并不是个头脑一热就乱来的人。羡慕归羡慕，他也很清楚，成就霸业是要有一个积累过程的。虽然史料没有明确的记载，但从秦穆公继位之初就实行的政策来看，秦穆公很有可能是对齐国称霸的原因进行过详细分析的。

在秦穆公看来，齐国之所以能称霸，从表面上看就是齐桓公和管仲两个人的努力，只经过短短五年的积累就突然爆发，但实际上他们建立起来的霸业是有着坚实基础的。

这个基础细算起来，可以追溯到齐国的第一任国君姜太公那里。齐国率诸侯联军讨伐楚国之时，管仲曾对前来和谈的楚国使者说过，姜太公曾接受过一道由召康公传达的命令，具体内容就是"五侯九伯，汝实征之"。也就是说，以后哪家诸侯中有谁不听周天子的话，齐国就有权代表周王室去教训他们。齐国由此得到了征伐诸侯的权力，有了政治上的优势。

而且，周初分封的时候，齐国本来就是个大国，后来又陆续兼并了周围的小国。更重要的是，姜太公之后的齐国历代国君尽管有智商和才能上的差别，但也没有出现过败家子，就连齐桓公那私德有亏的哥哥齐襄公也没有让齐国的实力一落千丈，这就使得齐桓公一继位就得到了一个强大的齐国。

也就是说，齐桓公成为首任霸主，是有历史渊源的，是有一定的必然性的。不然的话，把齐桓公和管仲这对组合放到郑国、随国这样的小国去，齐桓公还能成为霸主吗？很难！

当然，要想成为霸主，光靠幅员辽阔，是不行的。楚国算幅员辽阔了吧？可楚国这么多年来，虽然取得了辉煌的战果，但除了"蛮干"的名声，几乎一无所获，还被迫对齐国低头。楚国的综合国力并不比齐国差，但楚国就是当不成霸主，这是为什么呢？主要是因为楚国虽然有实力，但缺乏人才！

只有人才和实力全面配套，才有资格在诸侯中称雄。试想，如果齐桓公当初为了那一箭砍掉了管仲的脑袋，他还能当霸主吗？很难吧？而且后来的事实有力地证明，管仲死后，齐国的霸业气数就开始逐步下降，齐国的声音开始萎缩，齐国国力一路下跌，很快见底。

现在秦国已经成为一个能与齐、楚、晋三国相媲美的大国，不仅幅员辽阔，而且硬件也基本建设完毕，秦国要在诸侯中称雄，缺少的是什么？人才！基于这一认知，秦穆公在继位初年就大力招募人才。从这一点来看，秦穆公的眼光确实不一般。

当时，各路诸侯虽然不甘寂寞，到处征伐，力图表现自己的重要性，但都还没有认识到人才的重要性，更没有开展人才大战。就连一代霸主齐桓公也只是在继位时听从鲍叔牙的建议重用了管仲，并没有将引进人才作为长期国策，结果管仲一去世，齐国直接就进入了"人才荒"。

更可贵的是，秦穆公定下引进人才的长期国策时，管仲还健在（管仲去世于齐桓公四十一年，秦穆公十五年）。机会总是留给有准备的人。秦穆公后来能称霸也就不足为奇了。

赎回来的五羖大夫

众所周知，秦国在秦穆公统治时期涌现了一大批贤臣良将。其实，他们大多是秦穆公人才政策的受益者。其中，最著名的莫过于百里奚。

百里奚虽然很出名，但真的有点来历不明。有人说他是楚国人，有人说他是虞国人。就连他的出生年月，也没有记载。根据现有的史料，我们只能了解到：百里奚的生活条件很艰苦，直到中年他还在外游历，希望得到诸侯的赏识。

虽然暂时没有成功，但百里奚对自己的水平很自信，一边节衣缩食，一边对各国进行了一次全面摸底。经过一番分析之后，百里奚确定，齐国就是绩优股，如果能在齐国任职，肯定会前途光明。

于是，百里奚兴冲冲地跑到了齐国，信心满满地想面见齐襄公。哪知齐襄公不是他想见就能见的。他想找人帮他引荐一下。只要能见到齐襄公，他就有办法了，可齐国的人很多，他一个都不认识。于是，事情就拖了下来。

很快，百里奚身上的钱都花光了，只好做了乞丐，最后流落到了宋国。百里奚在宋国认识了一个朋友，名叫蹇叔。蹇叔是一位隐士，虽然很有才能但不为世人所知。他和百里奚一见如故，就让百里奚住进自己家里。

虽然在蹇叔家里吃喝不愁，但百里奚家中的妻儿还在等着他，等着他带他们过上好日子。百里奚还是很焦虑。不久之后，齐襄公被公孙无知杀死，无知成了齐国新君，并张榜招贤。百里奚很心动，就打算到齐国去。蹇叔认为这时去齐国有风险，就阻止了百里奚。果然，无知很快就被杀死。百里奚逃过一劫。

不过，百里奚还是不死心，决定去洛邑碰碰运气。他听说王子颓喜欢养牛，就去找了一份帮人放牛的工作。当王子颓真的要任用百里奚的时候，蹇叔又表示反对。果然，不久之后，王子颓发动叛乱，并很快兵败被杀。百里奚又逃过一劫。

接连经过两次劫难，百里奚心灰意懒，再加上离家多年，就想回虞国看看。回到虞国的他很快就被国君任命为大夫。这时，蹇叔又一次劝自己的朋友不要接受任命。

这次百里奚没有听蹇叔的话。其实，百里奚的心情可以理解。出来游历这么多年，终于做了官，过上了好日子，不舍得放弃也情有可原。再说，虞国也不太可能发生内乱。唯一遗憾的是，他的妻儿已经离开了虞国。

百里奚改变了命运，可他的老板虞公前途却不那么光明了。虞公没有称霸的野心，也没有欺负人的资本，为什么还会前途黯淡呢？原来，虞公有一个缺点，就是爱贪小便宜，没有大局意识。

一般人知道虞公这个缺点，顶多鄙视他一下，或者不跟他合作而已，对虞公来说没有什么损失。可知道这个缺点的人并不是一般人。这个人成功地利用虞公的缺点让虞国成了自己的囊中之物。这个人就是晋献公。

当时早已礼崩乐坏，很多诸侯国都不按常规出牌，一个武力兼并的时代已经拉开序幕。当然，能实施武力兼并的都是有实力的大国，像虞国这样的小国从来不敢有这种野心。那几个大国总是绞尽脑汁寻找兼并别国的机会。他们目标明确，专找实力弱的下手，而且在兼并过程中，特别注意成本，尽量不做赔本生意。否则，不仅得不偿失，还可能让自己的国家亡国灭种。

因此，对于虞国这样的小国来说，只要能小心谨慎，还是能在大国的夹缝中寻到生存机会的。很可惜，虞公并不是一个谨慎的人。更可惜的是，虞国的邻国就是一个大国——晋国。此时晋国的国君是晋献公。

晋献公很早就想把虞国和虢国变成晋国的地盘，可是又担心两国联合起来，把晋国拖进持久战的泥潭。毕竟这仗一打久了，什么后果都有可能出现。晋献公很郁闷。这时，荀息提出自己有办法能把这两个小国搞定。晋献公一听，兴奋得不得了，就催荀息快点说出来。

荀息非常清楚虞公爱贪小便宜的缺点，认为可以从这方面入手，具体方案就是请晋献公把晋国最宝贵的东西拿出来，大方地送给虞公，然后让虞国借路。晋国的珍宝有两件，其中一件是一匹马，另一件是一块玉璧。据说，这匹马是百年一遇的宝马，产自名马之乡屈产；至于那块玉璧，据说出自专出美玉的垂棘之地。

这两件珍宝都是晋献公心爱之物。一听说要把这两件宝贝拿去送给虞公那个小气鬼，晋献公心里很不痛快。他正在生气，荀息却一脸坏笑地说："现在把这两件珍宝送给虞公，其实只不过等于把它们暂时存放在那里一段时间而已。等过了这段时间，我们再把它们拿回来不就行了？"

解开了心结，晋献公立马又变得精明起来："可是虞国有宫之奇啊！"意思是说，有宫之奇在，虞公不可能上钩吧？宫之奇是虞国大夫，遇事很有见地。

荀息胸有成竹地回答："宫之奇为人懦弱，根本不敢违背虞公的意思强谏。他从小跟虞公一块儿长大，虞公跟他很亲昵，即便他劝谏了，虞公也不会听的。"

晋献公一听，既然你这么有把握，那就去做吧。于是，荀息就带着晋国代表团出访虞国，把两件珍宝送给虞公，又提起晋国帮助虞国攻打冀国的恩情，并顺势提出了借路伐虢的事情。

虞公本来还有点警惕性，可一见两件宝贝，那点警惕性立刻被踢出思维系统，又加上觉得晋国很可怜，当场就爽快地答应了。不仅答应借路，为了抚慰同姓诸侯受伤的心灵，虞公还打算做打击虢国的先锋。

　　宫之奇一听，就知道大事不好。晋国借路肯定是个阴谋，万一晋国军队通过虞国的时候借机搞破坏怎么办？就凭虞国的那点实力，根本就是毫无反抗之力。不行，一定不能答应他们。因此，他立刻去找虞公，坚决要求虞公收回成命。

　　虞公觉得宫之奇很烦人，就让他闭嘴。就在这一年的夏天，晋国大将里克、荀息和虞公率领晋虞联军攻打虢国，结果大获全胜。获胜的晋军并没有多做停留，就回国去了。虞公很得意，觉得自己很有先见之明。

　　三年之后，晋献公又派人向虞国借路。这次宫之奇又站出来提了反对意见。他对虞公说："您知道为什么咱们虞国这么小，这么多年来没人敢来捣乱吗？就是因为有虢国在啊！虞、虢两国是唇齿相依的关系。嘴唇没有了，牙齿还有好日子过吗？您一定要清醒啊！"

　　虞公很不以为然："晋国跟我国都是姬姓诸侯，他怎么会害我呢？"言下之意就是，要害早害了。

　　宫之奇又举例说，晋献公连跟他亲得不能再亲的桓、庄之族①都不放过，根本不会放过只是同姓的虞国。况且虢国还是晋的同姓之国呢，晋国还不是照打不误？

　　可无论宫之奇怎么苦劝，虞公就是不听，最终还是答应了晋国的借路请求。

　　碰上这样的国君，宫之奇就算见地再高，也没半点用处。心灰意冷

----

　　①　桓、庄之族，指晋献公的曾祖父曲沃桓叔、祖父曲沃庄伯除国君一支外的其他子孙们。晋献公时，桓、庄之族人数众多，对晋献公的统治造成了极大的威胁。晋献公接受士蒍的建议，诛灭桓、庄之族。

的宫之奇带着全族人离开了虞国。而在两次借路风波中，百里奚都没有出面。

晋国得到虞公借路的承诺，马上派大军通过虞国，围住了虢国的首都上阳。就在这一年冬天，晋国攻下了虢国全境，并宣布虢国从历史上消失。虢公丑逃往洛邑。

吞并虢国之后，晋军又按照原路撤回，再次到了虞国。晋国大获全胜，虞公也很高兴，觉得自己这路借对了。再说战利品这么多，没准儿那位晋侯会分给自己一点呢！没想到乐极生悲，晋军突然发动袭击，虞国一点准备都没有，全线崩溃。

于是，就在吞并虢国的同月，晋献公又吞并了虞国。宫之奇的话应验了。那位倒霉的虞公和大夫井伯、百里奚一起成了晋国的俘虏。

本来想过安稳日子的百里奚又一次经历了人生低谷。有人说，当时百里奚的名气还不够大，一代枭雄晋献公并没有发现这个人才。亡国大夫百里奚就按照当时的惯例成了晋国的奴隶。也有人说，晋献公想任用百里奚，结果被拒绝，一气之下把百里奚贬为奴隶。无论出于什么原因，总之最后的结果就是百里奚成了奴隶。如果没有什么意外，他可能一辈子都要当奴隶了。可这是个经常发生意外的时代。改变百里奚命运的意外来自秦国的外交战略。

秦穆公知道，要想跟中原地区的诸侯们竞争，不光要有过硬的军事实力，还要有过硬的外交手段。在必要的时候，有几个朋友总是好的。否则，就算自己实力不俗，也难免会有危机。其实，在要跟一个实力强悍的诸侯结成友好邻邦这个思路上，虞公和秦穆公想的是一样的，只是虞国自身实力堪忧，终于难逃灭国的命运。而秦穆公做起这件事来，就有底气得多。

秦穆公为了推进自己的计划，决定向晋国求婚。秦穆公五年（前655），他派人带着一批隆重的礼物去见晋献公，请求迎娶晋国公主（一说是在秦穆公四年）。

晋献公本来看到秦国近年来不断向东扩张，已经有点担心。秦国可不是虞国之类的小国，靠假虞灭虢这样的小诡计肯定不行，因此正在头疼用什么办法来对付这个虽然年轻但实力强大的邻国。听说秦国主动求婚，晋献公心里当然高兴，马上就答应了秦穆公的请求，决定把大女儿穆姬嫁给秦穆公。

这桩婚姻是赤裸裸的政治联姻，但对后来历史的发展发挥了很大的作用。不过，这个作用最先发挥在百里奚身上。

按照当时的习惯，一国公主出嫁，不但有嫁妆，还有陪嫁的奴隶。被俘的虞国君臣全部入选，百里奚成了穆姬的陪嫁人员。可他实在不愿意当奴隶了，因此跟着队伍走到半路时，就找机会偷偷地逃了出来，并一口气跑到了楚国。

百里奚以为他逃出来就可以脱离苦海了，却不知道如果不逃，他的好运会提前来到，就因为这么一逃，又让他过了一段艰苦的生活。百里奚跑到楚国后，被楚兵当作奸细抓起来审问了一番。后来楚国人看他年纪大了，也没有过分难为他，就让他继续发挥特长——放牛。

秦穆公接到新娘之后，并没有激动地掀起新娘的盖头来，反而先拿着那张陪嫁单子，看看岳父都送了些什么东西。这倒不是秦穆公贪财，而是他听说这次的陪嫁人员里面有虞国的大夫，想在里面发现一些人才。很快，大夫井伯、百里奚的名字就出现了。

于是，秦穆公就派人去找井伯、百里奚过来。不一会儿，有人来禀报，井伯找到了，百里奚逃跑了。百里奚为什么要逃跑呢？秦国又没有灭虞国。求贤若渴的秦穆公非常想知道百里奚是不是真的有才能。这时，刚从晋国来的公孙枝给秦穆公解了惑。公孙枝认为，百里奚虽然是个奴隶，但水平高得很，只是没有人发现他、重用他而已。

公孙枝是晋国的公族后代，肯定不会无凭无据地胡说。于是，秦穆公觉得要是不把这个叫百里奚的人才弄到手，真是太可惜了，就马上派人去寻找百里奚的下落。

秦穆公的侦察兵真的很给力，没用多少时间就找到了百里奚。他们禀告秦穆公，百里奚正在楚国放牛，而且他放的牛比别人的牛都肥。

秦穆公一听，马上下令，从国库里拿上一笔重金去送给楚成王，要把百里奚赎回来。没想到他的这一举动引起了大家的反对。反对的理由是，他要是这么做，不是在告诉楚王百里奚是个人才吗？楚王要是知道百里奚是个牛人，自己不会重用才怪。

秦穆公立马冷静下来，想了一下，吩咐人准备好五张羊皮给楚成王送去，并告诉他："百里奚原来是晋国送给秦国的陪嫁奴隶。他竟然敢在半路逃跑，真是可恶。听说他跑到贵国去了，现在我们要把他抓回来，还请楚王允许。"

楚成王一看，秦君太客气了，一个奴隶哪用这么麻烦，打一声招呼就行了。于是，他收下了五张羊皮，并命人把百里奚抓起来装进囚车，押送回秦国。

百里奚并没有管仲的先见之明，一看自己要被送到秦国去，觉得自己的人生这次真的要终结了。哪知一进入秦国境内，囚车立即打开，秦国人热情地招待了他。百里奚这才知道，原来是好运来了，来得虽然晚了一些，但毕竟还是来了。此时，百里奚已经七十多岁了。

秦穆公听说百里奚到了，马上放下手中的工作，亲自接待这位闻名已久的大才。他虚心地向百里奚请教国事。开始，百里奚很忐忑，就推辞道："小臣是亡国之臣，不值得您来请教。"秦穆公却丝毫没有什么架子和顾忌，真诚地说："虞公不用您，所以才亡国，这并不是您的罪过。"说完，还一个劲儿地向百里奚请教。

百里奚盛情难却，就跟秦穆公畅谈了起来。两个人连续谈了好几天，全是涉及内政和外交的大事。秦穆公非常高兴，决定让百里奚主政秦国，并称他为五羖大夫。百里奚和管仲是同龄人，管仲已经达到了事业的巅峰，他的事业才刚刚开始。

虽然下车伊始就获得了主政秦国的殊荣，但百里奚并没有欣然接受，他对秦穆公说："我跟我的朋友蹇叔比差远了。"随后，他又向秦穆公讲述了蹇叔三次帮助自己的经过。秦穆公一听，这样的大才绝对不能旁落，于是派人带着丰厚的礼物去迎接蹇叔，并任命蹇叔为上大夫。

就这样，两个老朋友在秦国又重逢了。他们成了秦穆公称霸路上的左右手。而百里奚的儿子孟明视，蹇叔的儿子白乙丙、西乞术都在之后的岁月里逐渐成长为秦穆公时代的著名将领。

晋国骊姬之乱

就在秦穆公在事业方面不断取得成就的同时，他的岳父大人的人生却越来越黯淡了。晋献公绝对不是一位平庸的君主，手下也有一批出色的大臣。在晋献公的领导下，晋国消灭了虞、虢等小国，又和西方诸侯秦国结成了姻亲关系，成为当时数一数二的强国。可晋献公也有一个明显的缺点，那就是在家庭事务上表现得很差劲。

他的原配齐姜生了一男一女。男孩叫申生，女孩就是秦穆公的妻子穆姬。申生很早就被立为太子。大家都觉得如果没有什么意外，申生当上下一代国君是没有问题的。可事情总有意外。申生的意外，是在他母亲死后发生的。

晋献公也像很多诸侯一样，除了有妻子之外，还有很多小妾。申生的母亲一死，晋国第一夫人的位子出现空缺。而这个位子是不能永远空下去的。当时，晋献公后宫里有几个热门人选，骊姬就是其中一个。

骊姬是骊戎部落的美女，她和妹妹是晋献公攻打骊戎的战利品。虽然是战利品，但骊姬得到了晋献公的特别宠爱。宠爱到什么地步呢？太子申生解释得最到位："父亲'非骊姬，寝不安，食不甘'。"正是因为这种宠爱，齐姜一死，晋献公几乎没有纠结就决定让骊姬当晋国的新任第一夫人。

后来，骊姬生了奚齐。晋献公爱屋及乌，就想让爱子奚齐成为太子。其实，晋献公选申生当继承人，绝对没有选错。申生广有贤名，又深受大家爱戴，以后肯定会成为一位出色的君主。可申生越出色，晋献公就越头疼。毕竟去攻打某个国家，都要讲究理由。现在要废掉太子，没有过硬的理由，能行得通吗？恐怕自己才下了命令，国内就会乱起来。晋献公并不敢轻举妄动。

但是，晋献公改立太子的愿望太强烈了，他把本该留守绛都的申生派到了曲沃，理由是曲沃是晋国的发祥地，重要得很，让别人当那里的一把手，自己不放心，还是让太子去驻守吧。与此同时，他还把另外两个颇有贤名的儿子重耳、夷吾分别派到蒲地和屈地。这样一来，对奚齐有威胁的人就都离开首都了。

晋献公的这个方案一拿出来，晋国人就知道申生的太子之位要保不住了。在当时，太子算是高危职业之一。在没有登上君位之前，太子时刻有生命危险。如果存在被换的可能，就意味着他的脑袋也有被砍下的可能。现在申生这种情况，最应该做的不是老老实实去曲沃上任，而是赶紧逃出去。保住性命才是人生第一要务。可申生没有这么做。

此后，晋献公又多次命太子申生带兵出征。冷兵器时代的战争是非常残酷的，晋献公可能想让申生战死沙场。没想到申生水平和运气都不错，每次都获得了胜利。

申生虽然如此出色，但还是没能让晋献公改变要撤换他的决心。晋献公曾经悄悄跟骊姬说："寡人想废了申生，让奚齐当太子。"本来以为自己的甜心会非常高兴，没想到骊姬一听这话，马上就哭起来："太子已经册立很多年了，诸侯们都知道，而且他多次带兵出征，手里有军权，又得人心，您要是坚持这么做，不是爱妾身，而是害妾身啊。妾身不如先自杀算了。"

晋献公一听，觉得骊姬真是个好女人，心里超级感动。就在晋献公感动的时候，他心目中的好女人却一点没闲着，一直忙着为她儿子造势。骊姬知道，申生现在口碑很好，要想废掉他，硬来肯定是不行的。因此，她暗中收买了几个小人，让他们到处诋毁申生。

除了暗中诋毁申生，骊姬还亲自上阵。当然，她扮演的是无辜的小白花。骊姬曾经在某天夜里对着老公晋献公哭泣，两眼通红地表示太子申生认为自己蛊惑君主而可能对晋献公不利，请晋献公杀了自己。晋献公觉得骊姬又可爱又善解人意，更讨厌申生了。

后来，骊姬夜泣和尹吉甫后妻的事迹逐渐融合，最后在《东周列国志》中被演绎成了"蜜蜂计"。在"蜜蜂计"中，骊姬的小白花形象更加突出。

某天，骊姬对晋献公说："妾身有件事要跟您说。太子久居曲沃，不在您身边，您为什么不把他召回绛都来呢？如果太子知道是妾身请您叫他回来的，他就会记住妾身的好，妾身也就能避免灾祸了。"

晋献公一听，觉得骊姬的话很有道理，于是就派人通知让太子回来述职。

申生是个老实人，一听父亲找他，就急忙回去了。他回到首都后，就进宫拜见了晋献公和骊姬。骊姬表示要为太子接风洗尘。申生没有其他想法，接到后妈的请柬，马上就去了。席间，两个人相谈甚欢。第二天，申生又进宫拜见骊姬，对她昨天设宴表示感谢。骊姬又留申生在宫里宴饮。

从表面上看，这就是公室成员之间的礼尚往来，但实际上，申生做梦也想不到，跟骊姬的两次接触竟然是一个圈套的恶毒铺垫。

就在申生进宫致谢的这天夜里，骊姬开始了她的表演。她的观众只有一个，就是她的老公晋献公。

她一见到晋献公，先落下泪来，然后哭着说："妾身想消除太子对妾身的误会，就请他来宫中做客，没想到太子对妾身无礼。"

晋献公一听，眼睛就瞪圆了，问她："太子怎么会对你无礼？"

骊姬一看，她的话成功引起了晋献公的注意，心里高兴得要命，就说："今天妾身设宴招待太子，本来是想跟他搞好关系，哪知太子却不安好心。他说现在您已经老了，妾身还年轻漂亮，以后他继承了您的位子，也要把妾身继承下来。他一边说，一边凑过来摸妾身的手。妾身最后说不能这样啊，把他推开了。如果您不相信，明天妾身就邀请太子一起到后园游玩，您站在高台上，肯定能看到。"

晋献公答应了。

第二天，晋献公就躲在了后园隐蔽处的高台上，准备暗中观察。

很快，一男一女远远地走了过来，两个人还显得很亲密。晋献公虽然上了年纪，但还是看得出，这一男一女，一个是他的儿子，一个是他的老婆。他丝毫不知他和儿子都被骊姬耍了。申生更是完全被蒙在鼓里，接到骊姬的邀请之后就欣然前往。

骊姬呢？为了演好后园这场戏，此前就做了精心的准备工作。她预先把蜜抹在了自己头发上，因此，在骊姬和申生进入后园时，几只蜜蜂就飞到了她的头上乱转。

她忙对申生说："太子，我的头上怎么全是蜜蜂啊？我怕蜜蜂，我怕蜜蜂。你赶快帮我赶蜜蜂啊！"

申生一看骊姬头上嗡嗡地转着几只蜜蜂，以为她吓坏了，就挥起两只袖子帮她赶起蜜蜂来。当时的袖子可不像现在的西服或者唐装袖子，而是宽大得很，一举起来，能当个大幕，挡住一个人都没有问题。就是这样的袖子让申生悲剧了。

就在申生举着两只巨大的袖子为骊姬赶蜜蜂时，晋献公远远地看到了这一幕。不过，晋献公看到是他的儿子正张开双臂抱着他的老婆。他很生气，更想把申生杀了。

可骊姬又哭着劝他不要杀："现在是妾身求您把太子叫回来的。您要是这时候杀了他，人家会说是妾身陷害太子。何况这事关宫中的体面，外人也不会知道，还是忍忍吧。"

晋献公一听，觉得很有道理，就把申生打发回曲沃去了。

无论是真实的骊姬夜泣，还是虚构的"蜜蜂计"，都在昭示着一个事实，那就是太子申生在劫难逃。

晋献公二十一年（前656），骊姬派人到曲沃向申生传话，说晋献公梦见了申生的母亲齐姜，请太子在曲沃为齐姜举行祭祀，并把祭祀用的胙肉送给晋献公。

申生是个孝子，一听这话，马上照办。只是他不知道，正是他送到绛都的胙肉直接要了他的性命。

胙肉很快被送到了绛都，放在了晋献公的桌子上。不巧的是（其实是巧得很），晋献公去打猎了，过了两天才回来。

一看晋献公回来了，掌管膳食的人就把太子送来的胙肉拿来了。晋献公正准备开吃，没想到骊姬拦住了他。骊姬说："这东西是外面送来的，得试一下才能吃。"说完，就用胙肉来祭祀地神，结果地面高高隆起。把胙肉扔给旁边的狗，结果狗吃后就死了。把胙肉拿给身边的侍从吃，结果侍从吃后也死了。

骊姬一看，马上就大哭起来："太子太残忍了！他连他的父亲都要杀，又怎么会怜惜其他人呢？再说，您都这么大年纪了，他居然还是等不及啊！现在就要下毒手。妾身明白，他这样做不过是因为妾身和奚齐。要是我们母子俩离开晋国，或者早点自杀，就不会白白让太子欺负了。开始您想废了他，妾身还觉得不应该；现在看来，这就是妾身的过错啊！"

骊姬要自杀，晋献公能同意吗？根本不可能。既然骊姬母子不能死，那死的只能是太子申生了。申生听说了绛都发生的事之后，就跑到了新城。晋献公很生气，杀死了申生的老师杜原款。

其实，到了这里，申生仍然有活命的机会。有人就曾对申生说，胙肉里的毒分明就是骊姬下的，您完全可以面见国君亲自申辩。可申生认为，父亲没有骊姬就活不下去，再说自己去辩解，会让父亲生气。又有人建议申生跑到别的国家去，等待来日。申生却说，自己背负着恶名，没人愿意收留自己，只有自杀一条路。同年十二月，太子申生在新城自杀。

比起申生来，他的兄弟重耳和夷吾就聪明多了。申生死的时候，他们两个已回到绛都向父亲述职。结果有人密告骊姬，说重耳、夷吾两位公子怨恨骊姬进谗言害死太子。于是，骊姬在第一时间跑到晋献公面前告状，说胙肉事件跟两位公子有关。两人知道后，连夜逃跑。重耳跑回蒲城，夷吾跑回屈城，然后闭门坚守。这两座城是晋献公当初花费很多人力、物力修筑的大城。

晋献公这时已经彻底晕菜，听说这两个儿子又逃跑了，更认为他们跟太子申生是一伙儿的，是胙肉事件的同谋，当场签署命令，派出两路兵马杀向蒲城和屈城。

有个宦官名叫勃鞮，奉晋献公的命令追杀重耳。勃鞮很果断，直接催促重耳自杀。重耳当然不愿自杀，扭头就跑。勃鞮随后就追。重耳跑着跑着就来到一堵墙的旁边。勃鞮以为重耳无路可逃，就对着重耳举起了兵器。没想到重耳动作很快，一下子就翻过了墙头。勃鞮只来得及砍掉重耳的衣袖。

重耳知道，他在晋国是待不下去了，就跑到了狄国。重耳的母亲就是狄国人，他逃到狄国就相当于跑到外公家去避难。夷吾在屈城坚持得久一点，但在第二年也逃到了梁国。到了这时，奚齐成为继承人路上的障碍已经全部清除。骊姬表示很满意。

可在晋献公看来，除去年长的儿子们并不能保证奚齐顺利继位。于是，他又为爱子做了一些准备。晋献公此前只关注自身发展，根本不搭理齐桓公这位霸主。这次，为了奚齐，他决定加入以齐桓公为首的诸侯联盟。要是齐桓公答应了，自己死后，晋国就不会出现混乱的局面了。

这时，恰好齐桓公正在葵丘主持会盟。晋献公就赶快跑过去。哪知半路上他就生病了，等他赶过去，葵丘会盟已经结束了。晋献公只得拖着病体赶回晋国。

晋献公本来年纪就已经很大了，经过这段时间的折腾，再加上奔波了这么久，之前又刚生过一场病没有痊愈，一回到家就病得更严重了，直接进入了弥留之际。但是，他很不放心，就把荀息叫来交代后事，要荀息尽心尽力辅佐奚齐。荀息向晋献公保证坚决完成国君交代的任务。

于是，荀息就成了奚齐的监护人。随后，他又被任命为相国，主持晋国的国政。就在这一年的九月，晋献公去世。荀息准备先为晋献公发丧，再遵照晋献公的遗志辅佐奚齐继位。到了这时，骊姬终于松了一口气。

其实，她错了。骊姬以为，她的儿子成为国君已经是板上钉钉的事情，再加上有荀息这样有水平的老臣辅助，肯定万无一失，可她却忘记了，在权力场上，枪杆子才是决定一切的因素。奚齐的监护人荀息虽然是政坛老鸟、资深政客，但只是个文臣，手里根本没有兵权。如果这时手握兵权的人支持其他公子，奚齐的君位还能有多稳当呢？

骊姬的疏忽就是别人的机会。更重要的是，或死或被逐的三公子有很多支持者。这些人就在等着晋献公死去。晋献公一死，里克、丕郑等人就跳了出来，表示要迎立公子重耳为新君。其中，里克就是长期以来主管全国枪杆子的重臣。荀息不同意，还是坚持立奚齐。里克表面上没有说什么，却在晋献公的灵堂刺杀了奚齐。这时，距离晋献公去世仅有一个月，晋献公还没有下葬。

荀息很悲伤，打算自杀，但有人劝他不要死，辅佐奚齐的弟弟悼子继位也是一样的。悼子是晋献公的小儿子，骊姬的妹妹所生。荀息同意了。他汲取了上次的教训，先为悼子办了继位大典，再为晋献公下葬。荀息以为，这样一来，里克他们就不能再说什么了。

哪知里克二话没说，又在朝堂上刺杀了悼子。悼子一死，荀息彻底绝望了，他再也找不到活下去的理由，悲愤地自杀了。失去依靠的骊姬也被里克杀死。晋国顿时陷入了君位空缺的境地。

秦穆公插手晋国内政

按照里克的意思，应该让公子重耳回来继位。毕竟重耳在国内的时候就广有贤名。哪知重耳聪明得很，在他看来，现在国内的形势一点都不明朗，大权到底掌握在谁的手里还不好说。万一自己回去，再成了第二个奚齐、悼子，就惨了。于是，重耳谢绝了里克的邀请。

未来的晋文公的回答绝对很艺术："负父之命出奔，父死不得修人子之礼侍丧，重耳何敢入！大夫其更立他子。"意思是说，我是因为违抗父亲的命令逃出来的。父亲死了，我都没能回去尽一尽人子之礼，现在哪有资格再回去。你们再考虑其他人选吧。

去狄国的使者向里克等人汇报了重耳的态度。里克等人一听到这个汇报，也不再勉强，就又派人去梁国请公子夷吾回来。

夷吾虽然跟重耳是兄弟，也广有贤名，但政治智慧跟他的哥哥根本不在一个档次上。他一看到晋国来的使者，就准备跟着一块儿回国。好在他的谋臣吕省、郤芮冷静得很。二人对夷吾说："公子，不要高兴得太早啊！现在国内还有几位公子，里克大人他们却来请您，这里面说不定有什么猫腻。现在国君的位子敏感得很，还是小心一点为好。如果没有秦国这样的强国来当后援，恐怕就算您当了晋侯，处境也会很危险。"

夷吾一听，觉得很有道理，就派人带着他的信回到国内，对当权派的代表人物里克说："如果您帮我当上国君，我就把汾阳封给您。"与此同时，他还派郤芮带着重礼跑到秦国，对秦穆公许下承诺："如果您帮我当上晋国之君，我就把河西之地（河西八城）送给秦国。"

秦穆公本来只是想借此参与到诸侯事务中，刷一下存在感，让诸侯们听到自己的声音，并没有指望能从中得到什么实际利益，哪知夷吾为了回国继位这么大方地把利益送到自己手中，当然笑纳了。于是，秦穆公马上派了一支军容整齐的威武之师护送夷吾回晋国。

而这时以齐国为首的诸侯联军也赶到了晋国。双方在晋国边境顺利会师。齐桓公派隰朋跟秦穆公一起，率军保护夷吾进入晋国，拥立他为晋国之君。夷吾就是晋惠公。

晋惠公虽然跟晋惠帝司马衷一样，谥号里都有一个"惠"字，但绝对不是脑残人士。当了国君之后，他仔细地算了一下账，觉得跟秦国的交易完全是赔本买卖。秦国什么都不用做，就割去了河西八城。晋惠公后悔了，打算赖账。可秦穆公并不知道自己这位小舅子的心思，还在美滋滋地等着晋国特使来交接河西八城呢！

没几天，晋国特使真的来了。这位特使叫丕郑，是消灭骊姬集团的主要功臣之一。秦穆公一见，使者的级别很高，感觉土地交割是没有问题的，估计就是先看看地图，过一段时间去定一定秦晋边界。

哪知丕郑根本没有带来地图，他只带来了晋惠公的道歉："始夷吾以河西地许君，今幸得入立。大臣曰：'地者先君之地，君亡在外，何以得擅许秦者？'寡人争之弗能得，故谢秦。"

意思是说，我本来很想百分之百地兑现协议，可是大臣们都坚决反对，认为河西之地是先君的土地，那时我是个流亡人士，根本不是国君，没有资格把土地许给您。我跟大臣们争了半天，但争不过他们，现在向您表示郑重的歉意，敬请原谅。

秦穆公一听，这才知道被夷吾那小子忽悠了，十分生气那个承诺就是一张白条。可生气归生气，他又不知道怎么办才妥当，开兵见仗似乎不太合适。不过，秦穆公没有办法，丕郑却有办法。

在丕郑看来，他们一派（以里克为首的功臣派）拥立晋惠公，功劳很大，晋国以后就应该由他们执掌大权。哪知晋惠公却重用跟随他流亡的吕省、郤称、郤芮等人。于是，丕郑就想趁这次出使的机会做秦穆公的工作，请秦穆公出手，赶走晋惠公和他的家臣们。

他看到秦穆公大怒，就阴险地对秦穆公说："吕省、郤称、郤芮这几个人都很不地道，如果您能派人用重礼作为诱饵，把他们弄到秦国来，夷吾在国内就孤掌难鸣了。到时候，您派兵护送公子重耳回国，臣下在国内作为内应，夷吾肯定会出逃，咱们就大功告成了。"

秦穆公一听，觉得丕郑的话还真有道理。反正不管后续发展如何，插手晋国内政的机会不可错过。要是能拥立一位亲秦派的晋侯，对秦国来说，那绝对是利大于弊的事。再说夷吾这小子竟然敢赖账，必须得让他得到教训。

丕郑在秦国说完晋惠公君臣的坏话之后，就回晋国去了。其实，就在丕郑出使秦国的同时，晋国又发生了一次政变。这次政变的发起人就是被丕郑和秦穆公算计的晋惠公。

晋惠公是个小气鬼，丝毫不讲信义，不但不愿给秦国河西八城，就连答应封给里克的汾阳也舍不得。而他的亲信们也是恨里克恨得要死。里克不死，他们在晋国就不能顺利地掌握大权，因此一天到晚劝晋惠公赶快处置里克。

晋惠公也很畏惧里克。他心里很清楚，本来里克属意的新国君是公子重耳，重耳不愿意回国，自己才有了当国君的机会。可重耳那时不当国君，并不表示重耳永远不想当。万一里克哪天看自己不顺眼，随时都可能把重耳找回来。想到这里，晋惠公下定决心要杀死里克。

他对里克说："没有您，寡人就不能成为国君，寡人很感激您。可您老人家一口气杀了两位国君和一位大夫，当您的国君是不是太难了呢？"

里克一听，明白晋惠公是要自己脑袋来了，就指着他说："没有老臣杀死奚齐兄弟，您又怎么能当上国君呢？您想杀老臣就直说好了，没必要找这么多借口。您这么说，老臣已经知道您的意思了。"说完，就抽出宝剑，结束了自己的性命。

出使未归的丕郑很快就得知里克的死讯，于是为秦穆公出了上面那个主意。秦穆公也答应了。丕郑启程回国。

丕郑为什么要回国呢？大家都知道，他是里克的同党。晋惠公已经杀了里克，他要是回到晋国，估计也会遭遇跟里克同样的下场。丕郑也很清楚这一点，因此开始的时候很犹豫。

当然，如果他这时就拍屁股逃走，那就什么事也没有。可偏在这时，他碰到了一个人。这个人叫共华，是他的老同事，也是晋国大夫。丕郑问共华近期国内的情况。共华认为，国君只想杀里克一个人，跟里克亲近的人一点也没受牵连，更别说丕郑是出使秦国的使臣，完全可以回国，没有任何问题。丕郑觉得很有道理，就硬着头皮进城，去向晋惠公交差。

不久，秦穆公又派使者泠问带着重礼来到晋国，并指明要见吕省、郤称、郤芮三人。而丕郑也做好了颠覆晋惠公、迎接重耳当国君的准备。就在这时，郤芮感到了一丝不对劲。

他对晋惠公说："丕郑出使秦国的时候带的礼物很薄，现在秦国使者却带了重礼，肯定是丕郑这家伙把咱们国内的事情跟秦伯透露了，让秦伯来引诱我等三人。如果咱们不杀了丕郑，他一定会对咱们不利。"

晋惠公深以为然。本来丕郑跟里克就是晋国最有权势的两个人，现在他们杀了里克，作为里克的长期搭档，丕郑肯定不会善罢甘休。这些人是连国君都敢刺杀的人，自己在他们眼里又算得了什么？

最后，晋惠公下令杀死了丕郑及与他关系亲密的共华等七位大夫。丕郑的儿子丕豹逃往秦国。

第五章

秦国女婿成了新霸主

都是粮食惹的祸

虽然使用的手段并不光彩，但晋惠公终于将晋国大权握在了自己手中。可还没等他高兴多久，晋国就发生了自然灾害，全国立刻进入粮食紧张的状态。晋惠公没有办法，只能派人去秦国谈判，请求秦国帮晋国渡过难关。

秦穆公一听说晋国缺粮，马上召集大臣们商议对策，商议的主题就是要不要借给晋国粮食。大臣们议论纷纷。其中，来自晋国的丕豹最为激动，他认为，不仅不应该给晋国粮食，而且应该趁机攻打晋国，给晋国点颜色看看，让夷吾那小子知道不讲信用的后果有多么严重。

可百里奚等几位重臣都反对，认为还是借给晋国粮食比较好，理由就是体恤邻居，帮助他度过灾年，才符合一个国家应有的道义。言外之意就是，咱们秦国本来就是诸侯中的新人，如果这时咱们能以德报怨，就能在各国中树立起威信。

秦穆公最后下定了决心，对众臣表示："对不起咱们的是夷吾一个人，现在受苦的是晋国百姓。给粮！"①

　　秦穆公这次跨国救灾的规模十分巨大，据史料记载，当时黄河上挤满了从秦国开往晋国的船只，船里全是救灾的物资。有了秦国的支援，晋国很快度过了粮荒。

　　事有凑巧，秦国刚帮助完晋国，自家又遭遇了灾害。各地的灾情奏报像雪片一样涌向了秦穆公。对此，秦穆公并没有过度惊慌，反而有一种莫名的欣慰。他心想幸亏去年没有趁火打劫，还援助了晋国，现在完全可以向晋国借粮度灾。不光秦穆公，秦国的大臣们也都这么想。哪知，晋惠公根本就没安好心。

　　秦国使者一来，晋惠公马上叫来几个亲信，商量该怎么办。晋惠公的舅父虢射认为，这是秦国要彻底完蛋的迹象，更是对晋国最有利的情况，应该趁机进攻秦国才是上策。大夫庆郑认为，去年秦国援助了饥荒中的晋国，现在晋国应该借粮给秦国。

　　晋惠公觉得还是舅父为自己着想，就采纳了虢射的建议，拒绝了秦穆公的借粮请求，随后发兵攻打秦国。

　　秦穆公听到使者的汇报后大发雷霆，亲自领兵攻打晋国，并命出奔秦国的晋国人丕豹随军听令。

　　本来晋国君臣以为秦军现在正饿得要命，根本没有力气来攻打晋国，没想到被秦军打得大败。更要命的是，秦军连胜三场。这下子，秦穆公很高兴，晋惠公却大吃一惊，马上亲自带着军队迎战。双方在晋国的韩原相遇，双方的最高统帅都是一国之君。

---

　　①　一说，这句话是百里奚所说。

　　大家都知道，现在秦军的口粮已经成为大问题，他们唯一要做的就是速战速决，而不是跟晋军泡蘑菇，打消耗战。晋惠公在军事上绝对是个菜鸟，并没有看破这个情况，一看秦军连战连捷，深入晋国国境，急得火上房，急急忙忙带着军队跑到前线跟秦军硬拼。晋惠公的做法实在是太不理智了。但是，埋怨晋惠公是起不到任何作用的！

　　晋惠公命大将韩简阵前挑战，秦穆公也命公孙枝出阵回应。随后，双方展开一场混战。春秋时代还是车战的时代。开战双方都驾着战车你来我往，征战疆场。很快，晋军就因为晋惠公的战车陷入泥泞而出现了溃败的迹象。

　　秦穆公一看，立马率军追击。这时，曾在阵前挑战的韩简发现晋惠公有难，立马紧紧咬住追击的秦军。就这样，本来追击晋惠公的秦穆公顿时陷入了两支敌军夹击中，情况万分危急。更倒霉的是，他还受了伤。

　　韩简一见大喜，看来自己要俘虏秦伯了。哪知他的高兴还没有画上感叹号，后面突然杀声又起。秦穆公和韩简同时扭头一看，只见一群大汉挥舞着兵器加入了战团。

　　一见这群人，秦穆公心生欢喜，韩简却满腹狐疑。这帮人是哪儿来的？到底要帮谁？不过，这群人很快就用实际行动为韩简解了疑惑。他们抢着武器杀了上来，而且专门砍晋军。晋军毫无思想准备，立马倒下一大片，但他们又很快反应过来：秦军来了帮手，很难缠，快跑！于是，战斗形势迅速变成了一边倒，秦军掌握了战场的主动权。

　　晋惠公的战车还在烂泥潭里挣扎，但能够救晋惠公的人还没出现。韩简想跑过来解救国君，可惜秦军不答应。抓住对方的国君，是这次战斗中双方的共同心愿。掌握主动权的秦军早已围住了晋惠公的车。晋惠公这次没有开会讨论，果断宣布投降。一大批晋国大臣都跟着晋惠公走进了俘虏营。韩原合战结束。

俘获晋惠公，让秦穆公感觉很爽，但他并没有忘记，要不是半路上杀出的那群大汉，现在掌握发言权的可不是他嬴任好，而是姬夷吾了。那群大汉是怎么回事呢？说起来还是秦穆公自己的功德。

原来，他们是秦国的居民，户口全在岐山一带，共有三百多人。

有一天，秦穆公丢了几匹好马，就马上派人四处寻找。很快，他们发现有几百号人在一个山洞旁围着吃马肉，旁边还放着几张马皮。不用严刑拷打就知道，肯定是这群穿得破破烂烂的家伙偷了国君的马，于是随从就连忙跑回去向秦穆公汇报。当地官吏也准备治这些人的罪。

没想到，秦穆公知道事情以后，并没有勃然大怒，也没有听从官吏的建议，而是大度地表示："君子不会因为牲畜而去治人的罪。寡人听说，吃了好马的肉，却不喝酒，会让吃马肉的人受伤。"说完，还命人把酒给偷马贼送去。言下之意就是，这件事寡人不再追究了，人比马金贵啊，都是大秦的子民，可不能受伤害。

那群偷马贼打死也想不到，偷了国君的马，不仅没有获罪，甚至还有酒喝，当场都有点发懵。他们吃完马肉、喝过酒之后，觉得他们的国君实在是天下最好的国君了。后来，听说国君带兵去打晋国，这三百多人就决定报答国君的不杀之恩，因此都带着武器加入了秦军的队伍。

没想到，秦穆公在韩原合战的时候会遇到危险。一见国君遇险，这三百多人立刻红了眼，拿着武器就对着晋军一顿猛打，结果很快就把敌人打得满地找牙。

其实，秦穆公也没有想到正是自己无意间发的一次善心，在关键时刻救了自己一命。得好好谢谢这些"岐下野人"啊，他们真是寡人的贵人！

韩原合战是春秋时期秦、晋两大国的第一次全面交锋，以秦国险胜而告终。战后，秦穆公并没有继续留在晋国境内，而是押着晋惠公君臣返回了秦国。

失策的秦穆公

在秦穆公带着部队押送一批高级战俘到达首都城外时，他突然看到一群身穿孝服的美女在夹道欢迎他。他一呆，寡人这是凯旋而归啊，她们怎么穿得像吊孝一样？难道她们以为寡人死了？他上前去问美女们是怎么回事，是谁叫她们穿上丧服的。

美女们回答说是夫人。

秦穆公很奇怪。难道这次韩原合战太惊险，夫人不了解前线的情况，进而产生了误会？

美女们告诉他，夫人说，晋侯是她的弟弟，现在国君把她的弟弟俘虏了，又听说国君要用晋侯祭祀上帝，觉得自己不能救弟弟，没有脸面再继续活下去了。她已经架好了柴火，带着太子坐在上面。如果国君一定把晋侯带回城里，举行祭祀仪式，她就要举火。

如果是其他国家的国君，听到老婆敢如此威胁自己，估计早就气坏了，但秦穆公不是这样。他把晋惠公留在秦国的传舍①里，然后回到宫里，对老婆穆姬说："夫人你放心，寡人是捉住了晋侯，但并不打算对他怎么

---

① 传舍，古时供行人休息住宿的处所。

样。之前天子已经派人来劝解寡人了，寡人已经答应，夫人你多虑了。"

怎么又是拿晋惠公祭祀，又是周天子求情，又是穆姬威胁自己老公？这到底是怎么回事呢？原来，秦穆公捉到晋惠公之后，想到晋惠公先是赖了河西八城，再是恩将仇报不借给自己粮食，一时气愤难平，就扬言要把晋惠公带回国祭祀上帝。

周襄王听说了，就派人向秦穆公求情："晋侯与寡人同姓，还请秦伯给寡人一个面子。"

虽然当时周天子只是一块招牌，几乎没有什么权威可言，但齐国"尊王攘夷"的口号不是闹着玩儿的，因此得给周天子这个面子。再说，齐侯年事已高，他去世后，秦穆公未必没有问鼎霸主的机会。跟周天子闹翻并不是一个好选择。

本来秦穆公也不想砍下晋惠公的脑袋，要是真的想砍，还会带晋惠公回来吗？根本不会。而且直接杀了晋惠公也没有任何难度。可秦穆公很清楚，杀人容易，但杀了他除了让自己心情好一点之外，根本没有任何好处。更何况，晋国人听说国君死了，肯定会再拥立新国君。到了那时，他还有力量再打下去吗？很难吧！

要知道，秦国百姓都处在饥饿的边缘，国内局势也不稳定。现在工作的重中之重是拿到粮食，解决饥荒难题。所以，他必须牢牢控制住晋惠公。控制了晋惠公，就等于控制了整个晋国；控制了晋国，他就什么都不怕了。所以，现在就是有人怂恿他杀晋惠公，他都不会同意。

当然，秦穆公做的并没有像他说的那样好听，他让晋惠公君臣在秦国的传舍里一直滞留，一边在精神上给他们施加压力，一边督促晋惠公兑现之前的协议，将河西八城交给秦国。

上述工作前前后后花了两个多月。这两个月里，晋国的高层都在秦国开展"外交活动"，进行"友好访问"，晋国陷入真正的无政府状态。而晋国国内某些人士正蠢蠢欲动。这时候，该放晋惠公回去了。再拖下去，万一晋国出现了新国君，秦国做的这些努力就全白费了。

其实，着急了结此事的并不只有秦穆公一个人。晋惠公在秦国待了这么多天，早就烦得要命。一来，他在晋国是一国之君，向来说一不二，想怎么样就怎么样，现在与几个亲信天天被软禁在传舍里，连门都出不了，实在太窝囊、太丢脸；二来，如果再这么待下去，万一国内那帮人拥立了重耳，自己可就什么都完了。这时他得到可以回国的通知，当然高兴得要命，也顾不得肉疼了，马上把太子圉交给秦穆公，然后就狂奔回去。

他回到晋国之后，看到晋国还是原来的晋国，重耳并没有回来抢班夺权，紧张的心情才放松下来。可轻松了没多久，晋惠公又郁闷起来。虽然重耳暂时没有动作，但他是个危险人物，得想办法除去这个隐患。于是，晋惠公急忙召集亲信商量此事。

这些亲信也很清楚，一旦重耳回国，自己绝对没有好果子吃。于是，一伙人绞尽脑汁，终于想出了一个办法，那就是派人去狄国暗杀重耳。派谁去好呢？有人提议，让勃鞮去。晋惠公一听，觉得很对，就批准马上执行。

勃鞮虽然是个宦官，却是一个暗杀高手，之前就替先君晋献公追杀过重耳。无论是出于忠君，还是出于担心自己的安全，他都会尽心的。晋惠公的确没有看错勃鞮。按照晋惠公的命令，勃鞮到达狄国的时间是三天，他只用一天就到了。

晋惠公杀重耳的决心很大，可保密工作做得很差，刺杀重耳的命令刚一发布，就被国内忠于重耳的大臣了解得一清二楚。据说，给重耳报信的人就是狐突。

狐突有两个儿子，一个叫狐毛，一个叫狐偃。这对兄弟是重耳的亲信，现在跟重耳在狄国过着流亡的生活。很可能狐突通过隐秘途径了解到晋惠公要暗杀重耳的意图，于是他马上派人快马加鞭跑到狄国向重耳报信。

重耳得到消息后，知道他们根本打不过晋惠公派的杀手，而且狄国的实力也太过单薄，不可能抵挡得住晋国的进攻，所以只好抓紧时间出逃——"惹不起、躲得起"这招虽然有点老套，但往往很有效。晋惠公精心选择的勃鞮虽然执行力很强，提前抵达狄国，但仍然没有逮到重耳一行人，只能悻悻地回国复命。

重耳没有死，晋惠公当然很郁闷。不过，听说重耳已经跑到齐国，齐、晋两国离得那么远，估计就算重耳要想回来夺权，也不那么容易了。除非齐侯（齐桓公）突然头脑发热，带着诸侯联军杀过来一定要帮重耳夺位。不过，那又是另一回事了。可齐侯会那么傻吗？而且他现在已经老了。

晋惠公很郁闷，秦穆公却很开心。俘虏晋惠公，逼迫晋国与秦国结盟，对于秦国而言，意义是十分重大的。秦、晋两国虽然是姻亲，可在那个礼崩乐坏的时代，只要老脸一翻，谁还管你是什么人？都是带着武器直接杀过去。因此，这些所谓的亲戚关系在双方关系还不错的时候，那是锦上添花；一旦双边出现冲突，亲戚关系从来就是忽略不计的。更何况秦国受西戎的影响较为严重，对这些本来就看得比中原诸侯们更淡。

后来，在战国时期，秦国曾跟多个诸侯国交换人质。可当决定开战时，他们都严格遵守"国家利益高于一切"的原则，人质的命运早已与他们无关。更何况，现在秦国的夫人仅仅是晋惠公的异母姐姐，而晋惠公连异母哥哥都要杀掉。所以，这种关系是没有一点安全保障的。唯一能够让对方老实的，只能是让枪杆子说话。

秦穆公这仗虽然胜得有点难看，但毕竟打赢了，而且后来周襄王还派人过来为晋惠公求情。周王室什么时候出面向诸侯求过情？给周王室一个面子，自己的面子就更大了。

心情很好的秦穆公在解决晋国的事情后，又开始为下一步做准备。不久，秦国派兵吞并了梁国。梁国原本是晋国的附庸国，向来唯晋国马首是瞻。秦国老早就想把梁国搞到手，只怕晋国不答应。这时，趁着晋惠公刚打败仗，处于不敢吭声的阶段，秦国顺势灭了梁国。

秦国吞并梁国后，在秦国为质的晋国太子圉感觉很难受。这是怎么回事呢？原来，早在晋惠公流亡梁国的时候，梁国之君梁伯就把女儿嫁给了晋惠公。太子圉就是晋惠公与梁伯之女的儿子。也就是说，梁国是他的外婆家。现在秦国把他外婆家吞并了，他能舒服吗？

这种不舒服继而引发了太子圉的危机感。他想到，父亲虽然做国君差强人意，却爱好女色、小妾众多、儿女成群。而且，这些儿女，除了他孤零零地在秦国当人质之外，其他人都生活在绛都。如果父亲哪天突然死掉，他来不及回去，估计他的国君之位就会落空。不行，自己必须想办法回国。

想到这里，太子圉立马找来了老婆怀嬴，要她跟自己一起逃回晋国。怀嬴认为，自己跟着一起走目标太大，还是老公一个人先回晋国比较妥当，自己保证不会告密。

怀嬴为什么还要保证不告密呢？原来，秦穆公把太子圉留在秦国做人质之后，并不像其他诸侯那样，天天派人监视晋国太子，不让他有什么越轨的动作，而是采用争取的手段，想尽量让他成为一个亲秦派人物。为此，他把女儿怀嬴嫁给了太子圉。与怀嬴一同嫁给太子圉的，还有四位宗女。

秦穆公的算盘初步发挥了功效。太子圉对怀嬴很信任，连想逃回晋国这件事都与怀嬴商量。怀嬴却并没有把父亲的意图贯彻到底，反而劝老公先逃，而且保证自己不告密。太子圉一看事态紧急，咬了咬牙，就偷偷地乔装打扮，溜出了秦国的雍都，逃回了晋国，结束了凄苦的人质生涯。

太子圉回去得很及时，就在他逃回晋国的第二年，晋惠公就去世了。太子圉顺利继承了君位，就是晋怀公。晋怀公比晋惠公更恨秦国，当了国君之后，根本不理秦穆公，也丝毫不关心还留在秦国的老婆怀嬴。

秦穆公这才知道，自己的想法大错特错，要是再让晋怀公当晋侯，以后只怕比晋惠公更不好对付，因此决定除掉晋怀公。以前，秦穆公在晋国内乱时，选择夷吾当晋侯，是因为觉得夷吾水平有限，容易控制，哪知道夷吾水平有限，赖账水平却很高，以德报怨的事做得最到位。现在的晋怀公比他的父亲做得还过分。这对秦国十分不利。

秦穆公连吃了两次苦头，他决定换一个人来做晋国的国君。这个人就是流亡在外的公子重耳。

重耳投奔齐桓公

重耳离开晋国之后，就带着几位谋臣来到了狄国，他当时已经四十三岁了。本来重耳一行人已经在狄国成家立业，重耳本人也没有表现出对晋国君位的兴趣，哪知晋惠公却硬要打破他们平静的生活，派人来要他们的性命。这时，他们已经在狄国住了十二年。

一听说晋惠公派曾经砍断过自己衣袖的宦官来追杀自己，重耳面色苍白，忙召集全部亲信召开紧急会议。

大伙儿认为，只有一个方法：逃！

往哪儿逃？

大家又一致认为：齐国！

当时，齐桓公虽然已经进入了暮年，但齐国仍然是霸主之国，离晋国又远，晋惠公不会再费这么多功夫去要他们的脑袋吧？再说齐桓公也不是好惹的啊！

而且，重耳等人在开会的时候，也把以后的出路摆上了议程。他们已经在狄国生活了十二年，从来没有试图给晋惠公捣乱，可晋惠公仍然不放过他们。因此，他们认为，以后得有所作为，不能再这么窝囊地过日子了。他们选择齐国，肯定也有想借齐国之力，除掉晋惠公，把主动权牢牢地控制在手里的意图。

计议已定，重耳就一边收拾行李，一边跟他的老婆季隗说："老婆，现在的困难只是暂时的，我们一定会再回来，你就耐心地等我吧。如果二十五年后，我还没有回来，你就改嫁吧。"

季隗当然明白重耳的意思，当场表态："再过二十五年，估计妾身坟上的柏树都长得很高了，还能嫁出去吗？您去忙您的事业，妾身会等您的。"她的原话是："犁二十五年，吾冢上柏大矣。虽然，妾待子。"

有了季隗的承诺，重耳放心了，就叫侍从头须收拾好行李，准备出发。没想到那个砍掉重耳衣袖的勃鞮立功心切，星夜兼程赶往狄国，原本三天的路程被他缩短到一天。情况紧急，必须马上出发。

于是，重耳和亲信们手忙脚乱地打理好东西，可这时头须不见了。他可是管理公子行李和财物的人啊！头须失踪就意味着一行人失去了旅途中最重要的东西。可是性命要紧，只能先不管头须了。就这样，重耳一行人忍着怒气，匆忙上路了。

他们的目标是齐国，但中途必须要经过卫国。卫国的国君是卫文公。当时，卫国正受到邢国和狄国的围攻，卫文公觉得自己国小力弱自顾不暇，根本没有能力接待重耳这位大国公子，于是就没有用应有的礼节来接待重耳一行。

重耳他们跑了一天的路，按照常规，以他的公子身份，经过诸侯国会受到隆重的招待。可他们又饿又累地跑到卫国时，遭受了卫文公的"无礼"对待。本想质问一下卫文公，可想想自己这帮人的处境，还是算了吧。

哪知不光是卫文公欺负他们，就连百姓也不拿他们当回事。他们来到五鹿时，已经饿得连说话的力气都没有了，看到几个农民正在田地里吃饭，觉得更饿了。后来，重耳忍不住了，就命人去向农民讨点吃的。

没想到农民们虽然没有拒绝他们的请求，给他们的却不是自己正在吃的饭，而是田里的土块。苍天啊！就算是野菜也能充饥，土块可怎么吃啊！重耳一看连种田的百姓也敢戏弄他，非常生气，就想命人拿鞭子抽这些人来出气。

重耳队伍里的其他人也都很愤怒，根本不想阻止公子的行为。这时，赵衰站了出来，对重耳说："公子，这是好兆头啊。人家送给咱们土地，咱们不要它还要什么？请您赶快接受。"他的原话是："土者，有土也，君其拜受之。"

赵衰讲话确实很有艺术，一下子就把一场可能爆发的冲突化解得干干净净。重耳一听这话，觉得太有道理了，当场就对着碗里的土块行礼，神色庄严地收下了。

泥土可以填地坑，却填不了肚皮。一行人只得忍着饥饿继续赶路。又走了一程，所有人都饿得受不了了，就停了下来。如何才能解决肚饿的问题呢？估计这会儿一行人已经彻底丢下了贵族的矜持，开始在野外寻找能吃的东西。伯夷、叔齐贵为公子，不是还到首阳山采薇吗？

据说，介子推的那碗肉汤就是这时候端给重耳的。虽然已经成了丧家之犬，但重耳这些年并没有受过什么苦。这次在卫国的遭遇让他内心无比凄凉。正在这时，只见介子推跑了上来，手里端着一碗热腾腾的东西。

大家一闻那味道，就觉得亲切得不得了。那是肉的香味啊！现在大家行李、财物全无，找了一圈连野菜都少得可怜，介子推是从哪儿弄来的肉呢？

介子推把那碗肉汤递给了重耳。重耳虽然已经饿得要命，但一闻到肉汤的味道，马上提起精神，接过碗来几乎一口气就喝光了。看着大家直勾勾的眼神，他觉得很不好意思，肉汤太香，自己竟然喝光了，干脆让介子推再想想办法好了。

没想到重耳一提这个要求，介子推只好实话实说，那肉是从自己大腿上割下来的。瞬间，一行人眼里都充满了泪水。重耳更是发誓，等回到了晋国，一定要重重奖赏介子推。

虽然一路上很苦，但重耳一行人终于到了齐国。齐桓公毕竟是霸主，见重耳一行人来到齐国，立即举行了隆重的欢迎仪式，热情招待了他们。不仅如此，齐桓公还在齐国公室中选择出色的女子嫁给重耳，还给了重耳二十辆车、八十匹好马。追随重耳的亲信们也都得到了妥善安置。

可惜，这样的好日子太短暂了。难道连齐桓公也靠不住？真的靠不住。不过，这并不是因为齐桓公人品有问题，而是因为他们来的时候，齐桓公已经年龄很大，没过多久就去世了。

虽然生前是威风凛凛的霸主，但齐桓公一死，不但当不了重耳的靠山，连自己的尸体也保不住。他的几个儿子杀来杀去，把整个齐国搅得大乱，将他开创的事业全部赔了进去。

本来，按照当时在狄国逃跑前的紧急会议备忘录，重耳他们到齐国的主要目的是想借齐国的力量返回晋国，推翻可恶的晋惠公。哪知，现在齐国比晋国还乱，还需要宋国带领诸侯联军来帮齐国解决问题。

赵衰他们越看越失望，重耳却丝毫没有担忧。夫人齐姜实在太美了，让已经五十多岁的重耳竟然生出了懈怠之心。本来是为了回国才来的齐国，现在竟然根本不想这件事了。

有一天，赵衰、狐偃他们在一棵桑树底下开了个临时会议，认为齐国根本没有力量帮助他们了。如果再在齐国住下去，他们这辈子就会白白地消耗掉，因此必须离开齐国到别的国家去，那样或许还有机会。

计议已定，他们准备找个机会去说服重耳。没想到隔墙有耳，他们的计划正好被齐姜的侍女全听到了。这位侍女很忠心，把赵衰等人的话向自己的主人详细地做了汇报。结果，这位齐姜和秦国的那位怀嬴有得一拼，知道之后不仅没有奖赏侍女，反而迅速杀了她，并亲自劝老公重耳离开齐国。

可惜，现在的重耳可不是逃难时的重耳，五年的安逸生活让他那颗曾经躁动的心渐渐变得平静，渐渐老去的躯体让他觉得只有齐姜的怀抱才是他温暖的家。其实，重耳这样不思进取也情有可原。毕竟那个时代的人普遍寿命都比较短，估计到了此时，连重耳都对自己回国继位的事情产生了深刻的怀疑。

于是，他懒洋洋地对老婆说："人生在世，就是为了追求安逸享乐，其他事跟我没关系。我都那么大年纪了，还折腾啥？就让我老死在齐国吧！"

齐姜明显对老公这种不思进取很不满意，她对重耳说："您是一国的公子，是走投无路才来齐国的。跟随您的那些人都是有才能的人，都把您当成他们的生命和依靠。您不赶快回晋国（当上国君），让跟随您的那些人得到回报，却在这里贪恋女色，我真替您感到羞愧。况且，您不去试一试，怎么能断定自己就不能成功呢？"

即使连齐姜这个被齐侯送来怀柔重耳的人都这么说了，重耳还是不为所动。但齐姜也不是个普通的女人，她找来了赵衰等人，并和他们共同谋划离开齐国的事宜。

众所周知，齐姜是齐国公室宗女，她又怎么会愿意让自己的老公逃离齐国呢？估计赵衰等人也是这么想的。齐姜说服这些人的难度可想而知。对此，史料并无明确的记载，倒是《东周列国志》有一段很合乎逻辑的讲述。

在这个版本里，赵衰等人根本没有想过要得到齐姜的帮助，狐偃还特别郑重地告诉齐姜："以前在狄国时，公子经常带着我们一起去打猎。来到齐国之后，我们都好久没打过猎了，所以就想请公子跟我们一块儿去，并没有别的意思。"

齐姜说："你们这次打猎的目标，不是宋国就是秦国吧？或者是楚国？"

狐偃一听，大吃一惊，心想难道夫人已经知道我等的图谋了？她可是齐国宗女，不行，不能承认。于是，他回答："我们就是在郊外打个猎，怎么可能去那么远的地方？"

齐姜一针见血地指出："你们想要挟持公子逃回晋国的事情，我已经知道了，你们就不用瞒着我了。我也曾经苦劝过公子，可惜他执意不肯听我的。今天晚上，我会设宴，把公子灌醉。你们就把他扛上马车，趁着夜色出城，事情不就办成了？"

狐偃一听，夫人深明大义，这么为公子考虑，太令人敬佩了！她不仅支持公子回国夺取大位，还为我们这些人想好了办法，而且这办法比我们那个打猎的主意有效多了，成功率几乎是百分之百啊！顿时，狐偃对齐姜崇拜得五体投地，顿首致谢。

狐偃出去之后，向大家宣布取消打猎计划，让大家做好离开齐国的准备。

无论齐姜说服赵衰等人的细节到底如何，结果是一定的，那就是重耳的老婆和亲信们达成一致，一定要让耽于安乐的重耳离开齐国。

很快，重耳就被灌得不省人事，然后被打包装车，离开了齐国。

重耳的回国之路

天快亮的时候，重耳才迷迷糊糊地醒来。他这时还不知道自己是睡在大车上，还以为自己正躺在齐姜的大床上，只是觉得这床实在晃动得厉害。又过了一会儿，重耳彻底清醒了，发现自己是在车上，这才反应过来自己被老婆和亲信们合伙算计了。于是，他马上起来，转头果然看到车里坐着跟随他流亡的赵衰、狐偃等人，大家都一脸坏笑地看着他。

重耳很生气，自己明明根本就不想离开齐国，结果现在被迫一大把年纪还要在外奔波。他顺手一抄，把一把戈拿到手中，准备杀了狐偃出了这口恶气。为什么重耳要找狐偃出气呢？原来，狐偃是重耳的舅舅，狐偃和赵衰二人经常帮助重耳处理日常事务。

眼看着重耳发怒，自己有生命危险，狐偃却依然态度好得很。他平静地对重耳说："我们确实采取了果断措施。不过，我们这次绑架您，最终目的是想把晋国绑给您啊。公子您要是觉得砍了老臣这颗脑袋，咱们的事业就成功了，那请您马上动手。"他的原话是："杀臣成子，偃之愿也。"

重耳当然不能杀了他的舅舅，恨恨地说："要是不成功，老子就吃你的肉。"原话是："事不成，我食舅氏之肉。"

狐偃态度依然和蔼可亲："要是事情不能成功，老臣这身体的肉早就又老又硬又腥，根本就不值得您来吃！"

重耳生完气之后，也知道"开弓没有回头箭"，只得挥挥手让大家继续前进。

他们这次出来到达的第一站是曹国。

曹国的国君曹共公跟卫文公水平相当，看到重耳的年纪一大把，还要回国争位，不管怎么看都是垃圾股，也对重耳"无礼"。不过，卫文公只是单纯地没有用合适的礼节来招待重耳，而曹共公除了这一点，竟然还想偷看重耳洗澡。这也太荒谬了，难道曹共公这么重口味？

这倒冤枉曹共公了。虽然偷看重耳洗澡的行为很另类，但说起原因来，竟然是曹共公太好奇了。原来，曹共公听说重耳有骈肋。当时有一种说法，骈肋是圣人才有的。虽然重耳看起来不像圣人，只像一个倒霉的老头，但骈肋可不是谁都有的啊！必须得看看！想到就要做到，曹共公真的去重耳一行人所住的传舍偷看重耳洗澡了。

跟曹共公不同，曹国大夫釐负羁倒是很看好重耳，觉得重耳现在虽然很潦倒，但绝对是个绩优股。看看他那几个随从，都是晋国的知名人士。如果重耳是个庸才，这些人会跟着他吗？釐负羁觉得自家国君的做法很奇葩，就劝曹共公："重耳公子广有贤名，又是您的同姓，他走投无路来投奔咱们，您怎么能对他无礼呢？"可惜，曹共公根本听不进去，还是满足好奇心重要。

釐负羁很无奈，闷闷不乐地回到家里，把国君和重耳的事情跟他老婆说了。没想到他老婆比他更看好重耳。釐负羁的老婆说："我看，重耳公子是个贤明的人，他的随从都是国相之才。这些人只要有一个，就能保证公子夺位成功。如果公子成了晋侯，要讨伐那些对他无礼的国家，肯定会拿曹国开刀。您看咱们能打得过人家吗？很难吧。要是国君被打败了，咱们都会跟着倒霉。所以，咱们一定要早做打算，好好款待重耳公子。"

釐负羁一听，觉得老婆说得很有道理，见解也比自己更深刻，就决定按照应有的礼节接待重耳一行人，派亲信带着饭菜送给重耳等人，还送去了一块玉璧。

面对釐负羁的示好，重耳很感激，但只收了食物，让人把玉璧送了回去。虽然没有收下玉璧，但重耳没有忘记釐负羁的情谊。后来，晋军攻打曹国，重耳就下令不要侵扰釐负羁家族的宗祠。

重耳一行人下一站的目的地是宋国。

宋国当时的国君是著名的宋襄公。宋襄公以齐桓公的霸主继承人自居，先是平定了齐国内乱，扶立齐桓公中意的继承人公子昭（齐孝公）登上了君位，又跟南方的楚国干了一架。

实际上，宋襄公水平赶不上齐桓公，手下也没有管仲那样的人才，国家综合实力又远远不及楚国，根本就当不稳这个霸主。可是宋襄公很有自信。结果宋、楚两国一场大战，宋国大败，就连宋襄公自己都变成了楚国的俘虏。直到同年冬天诸侯在薄地会盟，楚国才把宋襄公放回来。

宋襄公回国后，觉得太丢脸，又跟楚国大打一场。本来，这一场他还有点胜利的机会——楚军渡河时，他按照兵法来个"击其半渡"，完全可以狠狠地收拾一下楚国人，而且他的哥哥目夷就强烈请求他这么做。可宋襄公觉得打仗不能这么无耻。

不过，宋国仍有机会胜过楚国。楚军渡河之后忙着整军时，目夷又建议他趁敌人还没有做好战斗准备时打过去，同样可以把楚军打得满地找牙。可他认为打仗不可以这么缺德。他看到楚军布完阵之后，才宣布开打。可是，双方的战力本来就不在一个档次上，一硬碰硬，宋军立马大败。连宋襄公的大旗都被夺走了，宋襄公本人则受了重伤。

重耳一行人来到宋国时，宋襄公正伤得厉害。尽管身体不适，但他对重耳的前途十分看好，因此为重耳举行了隆重的欢迎仪式，还像齐桓公一样赠给重耳二十辆车，八十匹马。

宋国大夫公孙固是重耳的朋友。他很看好重耳。就是因为他在宋襄公面前说，重耳虽然流亡在外，但身边辅佐的都是贤才，宋襄公才对重耳以礼相待。当然，不排除宋襄公有崇拜齐桓公的因素，因为齐桓公也对重耳礼敬有加。

虽然宋国君臣都对重耳一行人很热情，宋襄公却不能给予重耳任何帮助了。倒不是因为宋襄公人品变坏了，而是他在宋楚之战中受了重伤，自己都危在旦夕。重耳一行人如果在宋国住下来，不过是重复在齐国发生的故事。他们这次很果断，马上离开了宋国。

重耳一行人很快来到麻烦最多、曾经多次充当齐、楚两国火药桶的郑国。

在对待重耳的问题上，郑国国君郑文公选择向曹共公、卫文公看齐，准备对重耳"无礼"。他的弟弟叔瞻反对。在叔瞻看来，重耳是一个贤明的人，随从又都是国相之才，又跟郑国同姓，没必要平白无故地得罪他。

郑文公却不以为然："现在诸侯国的公子流亡在外的很多，要是个个都隆重接待，哪里接待得过来？"

叔瞻说："如果您不打算以礼相待，就最好把他杀掉，免得以后吃他的苦头。"

郑文公一听，觉得弟弟太危言耸听。就重耳那个老态龙钟的样子，能对郑国做出什么有威胁性的事来？郑文公没有杀死重耳的意思。毕竟连曹、卫那样的小国之主都只是"无礼"而没动手，自己还是随大流吧。

重耳一行人在郑国又吃了闭门羹。他们虽然很生气，但谁让自己一方处于弱势呢，还是走吧。于是，他们匆忙离开郑国，前往楚国。

楚国的现任国君楚成王知道重耳到了，马上举行隆重的欢迎仪式，以诸侯之礼接待重耳。

重耳一看这个架势，就想谦虚一下，可赵衰反对。他对重耳说："公子，您已经在外流亡了十多年，经过了那么多国家，小国之君都对您'无礼'，何况大国之君呢？现在楚国这样的大国能这样地对待咱们，您千万不要推辞。何况，在楚国能享受这样的待遇，说明老天爷开始把运气送来了。"

就这样，重耳一行人在楚国住了下来。楚成王非常看重重耳，对他十分厚待。

有一天，楚成王问重耳："如果公子的事业成功了，您会如何报答寡人呢？"

重耳笑着说："楚国金银珠宝、玉石皮毛应有尽有，我不知道该如何报答您啊。"

楚成王说："即便是这样，寡人也想知道答案。"

重耳回答："如果哪天晋楚两国要在战场上相见，那我可以保证：到时，我就退避三舍①。"原话是："即不得已，与君王以兵车会平原广泽，请辟王三舍。"

楚国的头号军事牛人子玉听说了重耳的答案，非常生气，就对楚成王说："大王这么厚待重耳，他却在您面前出言不逊，请让我杀了他。"

楚成王不答应。他知道重耳是个人才，其手下那几个亲信也都是国之栋梁，不能随便杀，况且这些人在外流亡这么多年都安然无恙，又怎么会轻易被杀呢？不得不说，楚成王是个明白人。

重耳一行人在楚国刚住了几个月，就发生了晋国太子圉从秦国逃回本国的事。秦穆公大发雷霆，打算扶植新的代理人。于是，一个机会摆在了重耳面前。

---

① 当时以三十里为一舍，三舍就是九十里。

秦国女婿晋文公

自从太子圉（后来的晋怀公）逃回晋国后，秦穆公就一直在打探公子重耳的消息。很快，他就接到情报，重耳目前在楚国。于是，秦穆公马上派人到楚国，请重耳到秦国去。

楚成王倒也没有反对，不但当场放行，还对重耳说："楚国离晋国太远了，要想帮您，得跨过几个国家，实在不好办。秦君（秦穆公）贤明，秦国跟晋国又接壤，您的大业更容易成功。您一定要努力啊！"说完，楚成王还送了重耳一份厚礼。

有了秦国人的全程护送，这次重耳他们没有受什么罪，很快就到了秦国。一到秦国，秦穆公就为这位小舅子送上了重礼——五名嬴氏宗女。其中有一位就是他的女儿怀嬴。怀嬴是子圉（晋怀公）的妻子。子圉逃跑之后，怀嬴成了弃妇。重耳一来，秦穆公准备把怀嬴嫁给重耳。

重耳听说之后，觉得有点不像话，就想拒绝。子圉是他的侄儿啊，他要是娶了侄媳，那就是乱伦啊！一看重耳有思想包袱，秦穆公就叫季子来做他的思想工作。

季子倒很干脆，直接对重耳说："连他的宝座您都要夺走，还怕娶他的老婆吗？况且，您一旦跟秦国有了姻亲关系，就会得到秦伯的帮助，您的事业就成功了。成大事者不拘小节，您现在就是拘于小节忘了大事。"

重耳一听，好！老子怕个啥！娶就娶！

秦穆公听说重耳接受了怀嬴，非常高兴，请重耳宴饮。席间赵衰还吟了一首诗，就是《黍苗》。

《黍苗》诗出自《诗经·小雅》，共五章：

芃芃黍苗，阴雨膏之。悠悠南行，召伯劳之。

我任我辇，我车我牛。我行既集，盖云归哉。

我徒我御，我师我旅。我行既集，盖云归处。

肃肃谢功，召伯营之。烈烈征师，召伯成之。

原隰既平，泉流既清。召伯有成，王心则宁。

据说，这是周宣王赞美召穆公（召伯）营治谢邑之功的作品。秦穆公一听赵衰吟诵《黍苗》，就明白了他的用意，说道："寡人已经知道您急于返回晋国的事情了。"重耳、赵衰君臣急忙走下座位向秦穆公行礼，恭恭敬敬地说："我们这些孤立无援的臣子仰仗您，就如同百谷盼望知时节的好雨。"这时已经到了晋惠公十四年（前637）秋。这一年也是秦穆公二十三年。

同年九月（一说十月），晋惠公去世，太子圉继位，就是晋怀公。就在秦穆公策划帮重耳返回晋国继位的同时，晋怀公也做好了应对的准备。他下了一道命令：凡是跟随重耳流亡在外的人，必须在规定的期限内回国。如果过期不回，后果自负。这个后果就是判处死刑。

狐偃和狐毛的父亲狐突当然也接到了这道命令，可他态度强硬得很，知道两个儿子追随重耳到了秦国，却坚决不给他们写信。

晋怀公很不客气地把狐突抓起来，对他说："您还是写信把他们叫回来吧，他们回来您就不用死了。"

可惜，狐突坚决不从，还把晋怀公教训了一顿。

晋怀公一气之下就砍了狐突的脑袋。

德高望重的狐突被杀，在晋国引起了一系列连锁反应。晋怀公的铁血政策让晋国国内很多人都忍受不了了。大夫栾枝、郤谷等人听说重耳一行人在秦国，都派人偷偷地跑到秦国，把晋国的国内形势向重耳进行了一次全面汇报，并劝重耳早点回国。一时间，愿意成为重耳内应的人多如牛毛。

秦穆公听说了这件事，当场拍板，向晋怀公集团宣战，而且他还亲自挂帅，和公子絷等人一起，带着大军向晋国开去。这时是秦穆公二十四年（前636）。

就在这一年的春天，秦穆公率军保护重耳渡过了黄河，进入晋国境内。晋怀公知道重耳回国，也进行了紧急动员，把军队开过去迎战。虽然他现在是国君，可大家都知道重耳来了，即便他们按照命令来到指定位置，也都不用心打仗。很多时候那边还没有冲锋，这边就放下武器了。

重耳很快连续攻下几座城池，不久又占领了曲沃。曲沃是晋国宗庙所在地，晋侯即位时，第一个程序就是到这里来向祖先宣誓。之前重耳的哥哥太子申生就曾被派到这里驻守。重耳拿下曲沃后，马上就去参拜武公庙，宣布成立新的晋国政权。

一听说公子重耳在曲沃继位，晋国群臣都跑到曲沃朝见新君。就连晋惠公父子的铁杆亲信吕省和郤芮都不得不承认了这个事实，虽然他们根本就不想让重耳回国。

由于吕省和郤芮都站到了重耳那边，晋怀公陷入了彻底孤立的境地。他也不是傻瓜，一看大势已去，急忙跑出绛都，逃到高梁去了。晋怀公一逃，晋国群龙无首，重耳一行人顺利进入了绛都，重耳就是将晋国带上巅峰的国君晋文公。

虽然已经成为一国之君，但晋文公感觉自己的位子并不稳固，毕竟前国君还活着。于是，晋文公秘密派出杀手，暗杀了晋怀公。

本来，搞定这个隐患之后，事情可以画上句号了。哪知，晋怀公一死，晋文公的危机感才一消失，吕省和郤芮的危机感又冒了出来。这两个人是政治老手，看到晋文公干脆利落地刺杀了晋怀公，就以为晋文公接下来要拿他们开刀了。两人一商量，觉得唯一的办法就是立马采取措施，趁晋文公刚执政，权力根基还不稳定，先让他"下课"再说。

于是，吕省等人很快就制订了方案，具体内容就是先把自己手中能掌握的武装力量集中起来，再放火焚烧王宫，趁乱杀死晋文公。对此，晋文公一点察觉都没有。

不过，晋文公不知道并不等于吕省等人的保密工作做得好。曾经几次追杀晋文公的宦官勃鞮就知道吕省等人的图谋。然而，吕省等人根本不在乎。全晋国谁不知道勃鞮曾经几次追杀晋文公，是直接导致晋文公几十年来到处亡命的凶手。如果他都成了晋文公的人，那晋国就没有天理了。

晋文公元年（前635）三月，吕省等人按照既定方案发动了政变，他们带着军队包围了王宫，并在宫中放了一把火。火势很大，宫中的人都拼命往外逃，但谁也逃不了。吕省和郤芮一看，连年轻人都冲不出来，晋文公那个老头还能逃吗？两人带着士兵冲进去，要亲眼看看晋文公被烧死的惨样。结果，吕省、郤芮很失望，根本没发现晋文公那个老家伙的尸体。难道跑出去了？

虽然开始的时候晋文公的护卫们被突如其来的大火搞得手忙脚乱，但他们很快就反应过来，跟参与政变的叛军打了起来。吕省、郤芮一看，形势对自己不利，急忙逃之夭夭。

既然晋文公的实力这么强大，看起来国内是待不下去了，还是跑到国外比较保险。到哪国去好呢？有人提议到秦国去。吕省、郤芮可能慌了神，根本没认真想，就同意了，并快马加鞭地向黄河边赶去。可他们好像忘记了一件事，当初秦穆公曾经试图诱捕过他们。而且，如果秦穆公还对晋怀公有信心，就不会扶植晋文公了。吕省、郤芮二人的悲剧就在这一刻注定了。

很快，吕省、郤芮就在黄河边上见到了秦穆公。还没等两个人说明来意，秦穆公就吩咐人把他们押下去砍了。他们刚想为自己辩护一下，结果发现秦穆公帐中坐着一个人。吕省和郤芮简直不相信自己的眼睛，原来这个人正是他们认为该死的晋文公。

这到底是怎么回事？晋文公不是不知道他们的阴谋吗？他又怎么会出现在秦穆公的营帐里？其实事情很简单，有人告密，让晋文公提前有了防备。而且，这个告密的人更让吕省和郤芮意想不到。他就是勃鞮。

勃鞮虽然几次追杀晋文公，被吕省和郤芮认为是最不可能告密的人，但他看到晋文公在国外流亡多年，以六十多岁的高龄回国当了国君，就想在晋文公面前立个功劳为自己赎罪。可晋文公也是个有脾气的人。之前勃鞮的几次追杀差点儿要了他的命，所以开始的时候，勃鞮求见，晋文公根本就不见，还派人责备他。

不过，勃鞮并不气馁。他告诉晋文公的侍从，自己之前之所以三番五次地追杀国君，是因为奉了当时国君的命令，是出于忠心。齐侯（齐桓公）不计较管仲射中自己的衣服带钩任用管仲为相，最终称霸天下。自己虽然得罪过国君，但还是想为国君献上忠诚，要不然恐怕国君又会遇到灾祸。

勃鞮一番话说动了晋文公，于是晋文公接见了勃鞮，得知了吕省、郤芮的阴谋。他这时刚刚当上国君一个月，还没有熟悉国内情况，立马慌了起来，便什么也不说，马上向秦国狂奔，请秦国再帮他渡过难关。吕省和郤芮不知内情，按原定计划行动，哪知只烧了庙却跑了和尚，而且他们还被骗进了秦穆公的营帐。

吕省、郤芮一死，晋文公总算把心放下了。他又回到了晋国。晋文公得以重返政治舞台，秦穆公再一次起了重大作用。

平定王子带之乱

接下来，晋文公的运气突然变好了，而且一路运势猛涨，没用多久，他就成了中原诸侯的霸主。比起很多诸侯来，晋文公当上国君的难度大了很多，可他当上霸主比齐桓公要省力许多。晋文公能当上春秋时代的第二位霸主，靠的是他的水平，同时也离不开一个难得的机会。这个机会是周王室提供的。

晋文公时代的周天子还是周襄王。事情的起因是周襄王的家务事。大家都知道，周襄王这个王位开始坐得并不稳当，多亏齐桓公鼎力支持才没有让他后妈惠后和老弟王子带得逞。周襄王三年（前649），王子带勾结戎人和狄国进犯周王室首都洛邑，被秦、晋两国联军打败。失败的王子带逃往齐国，寻求齐桓公的政治庇护。周襄王十二年（前640），周襄王在大臣的劝说下把王子带召回了洛邑。[①]只可惜，他的好心被当成了驴肝肺。这位弟弟很快又给老哥带来了麻烦。

虽然跟老弟和好了，但周襄王这位天子过得并不开心。周襄王十三年

---

① 一说，周襄王召回王子带是在周襄王十四年（前638），劝说周襄王的大臣是富辰。

（前639），郑文公因为滑国归附自己又去讨好卫国的事出兵讨伐滑国。滑国是姬姓诸侯国，一见滑国有难，周襄王派大臣游孙、伯服去见郑文公，为滑国求情。结果，滑国的情没有求下来，求情的人反而被扣押了。

郑文公为什么会扣押周襄王的使者呢？即便大家都知道周天子成了招牌，可一般情况下也不会去招惹他，免得惹上一身麻烦。难道郑文公头上长角？那倒不是。郑文公只是生气罢了。

原来，郑厉公（郑文公的父亲）曾经帮助周惠王（周襄王的父亲）平定了王子颓之乱，使周惠王重新坐上了王位。可周惠王很吝啬，郑厉公立了这样的大功，他竟然不给郑厉公用爵。

其实，周惠王不算吝啬，天子咬着后槽牙给了郑国一块地。"王与之武公之略，自虎牢以东。"要知道，虎牢在那个时代就已经是战略要地。可郑文公不管。谁让郑国历代先君都在周王室担任卿士，注重这些礼仪之类的表面文章呢！

这次，周襄王又偏袒同姓的卫国和滑国。于是，郑文公一气之下，囚禁了周襄王派来的使者。

郑文公很生气，周襄王更生气，一听说郑伯扣押了自己派去的使者，立马就要让狄国出兵攻打郑国。大夫富辰急忙拦着怒发冲冠的周天子："咱们大周东迁靠的就是晋侯（晋文侯）和郑伯（郑武公）的支持。先王时候的王子颓之乱又是郑伯（郑厉公）带人平定的。咱们现在可不能因为一点小恩怨就跟郑国翻脸啊！"富辰的话是金玉良言，是确确实实为周襄王着想的，可惜正在气头上的周襄王根本听不进去。

周襄王十五年（前637），周襄王命大臣颓叔、桃子带领狄国的军队讨伐郑国（一说是周襄王十四年）。没想到狄国的军队很给力，很快就攻下了郑国的栎地。周襄王很高兴，打算立狄国女子为王后。富辰又反对，可惜周襄王又不听。于是，狄国女子成了周王室的王后，史称隗后。

虽然没有明确史料表明周襄王之前曾娶过妻子，但以他继位的年龄和当时在位的时间来推断，隗后多半是续弦，夫妻俩很大程度上是老夫少妻的组合。而那位被哥哥原谅的王子带这时候又不甘寂寞地跳出来，跟这位年轻貌美的嫂子私通。

周襄王很快发现了叔嫂两人的私情，于是下令废了隗后。这样一来，他和本来亲密无间的狄国又反目成仇。王子带当然不会放过这个好机会。

然而，让人意想不到的是，竟然有两位大臣主动当了王子带的帮凶，他们就是之前周襄王派去和狄国一起出兵的颓叔、桃子。本来周襄王兄弟跟隗后的恩怨与他们没有什么关系，可这两个人神经过敏，生怕狄国对他们有怨言，干脆跑到王子带身边去了。

于是，王子带等三人联合狄国一起向洛邑发动了军事行动。周襄王接到报告后，马上派兵应战。结果，缺乏训练的王师根本打不过战斗力超强的狄国军队，连周公忌父、原伯、毛伯、富辰这些王室重臣都被俘虏了。周襄王一看大事不好，就带着身边的侍从跑到郑国去了。

周襄王一跑，王子带神气活现地进了洛邑，宣布自己就是新的周天子。他还把被废的隗后放了出来，宣布她继续当王后。不过，她当的是自己的王后，而不是周襄王的王后。

周襄王却不干了。他宣布在郑国现场办公，愤怒地谴责了他弟弟夺权的无耻行径，然后写了无数张通告，派人送给各国诸侯，要求诸侯们带领军队跟他一起去粉碎以王子带为首的叛军。

不过，诉苦的效果并不好。鲁国的重臣臧文仲只对周襄王的处境表示了同情，而且仅限于口头上。郑文公虽然看在同姓的面子上收留了周襄王，也只带着大臣们天天关心周襄王的私事。两国就是不派兵。

当然，鲁国是礼仪之国，郑文公跟周襄王有旧怨，都不会轻易出兵。其实，这不过是借口罢了。毕竟周天子的闲事也不是好管的，自从齐国打出"尊王攘夷"的旗号，周天子的事就成了霸主的分内职责。鲁僖公和郑文公都有自知之明，自己的国家根本不具备称霸的能力，多一事不如少一事。

眼看着鲁、郑两国袖手旁观，周襄王虽然衣食无缺，但心里很不是滋味。他才不甘心让弟弟一直占据着洛邑和周天子的位置呢！于是，他又派了两位特使到秦国和晋国去，请他们来帮助自己打倒王子带。

果然，有实力才有底气。秦国接到通知后，立马带着军队出发，很快就到了黄河边上，准备勤王。相比秦穆公的积极主动，晋文公就纠结多了。此时是他成为国君的第二年，国内百废待兴，国际形势又不容乐观。说实话，他并不想出兵。可那位被他威胁要吃肉的舅舅却不这么看。

在狐偃看来，晋国要摆脱目前内外交困的局面，就要出兵勤王，进而成为霸主。为了坚定晋文公的信心，狐偃还专门令人占卜，结果都是吉（没准儿就是这位舅舅搞的鬼）。于是，晋文公终于下定决心，与秦穆公在黄河边上会师，兵分两路勤王。

王子带虽然擅长搞阴谋诡计，又很会讨女人的欢心，但打仗真的不行。秦晋联军只用了不到一个月的时间，就打垮了以王子带为首的叛军。就连王子带本人也被杀死。周襄王又重新回到了王城洛邑。

几天之后，晋文公专程拜见了周襄王。周襄王很高兴，请他喝醴酒。这是一种非常高的待遇。本来席间宾主尽欢，可接下来晋文公提的一个要求，立马让气氛冷了下来。

晋文公提了什么要求呢？原来，他向周襄王提出，希望死后享受隧葬的待遇。

什么是隧葬呢？隧葬就是人死后挖一条地道，把棺材从地道抬到墓地安葬。这个待遇只有天子才可以享受。

周襄王这时头脑很清醒，虽然他很感激晋文公帮他复位，但原则问题不能让步，因此坚决不同意。不过，要是什么酬劳都不给人家，也太不像话了。只是现在这个天下共主，除了招牌最值钱之外，连个中等的诸侯国都比不上，实在拿不出什么有价值的东西来。最后，周襄王一咬牙，给了晋国四座城池。

周襄王以为他否决了隧葬，做得很正确、很聪明，其实割让四座城池才是最大的昏招。对周王朝来说，这个举动跟致命一刀没有什么两样。虽然大家天天把"溥天之下，莫非王土"挂在嘴边，好像整个天下都是周天子的领土，可现在谁还把他当成真正的天下共主？除了洛邑一带，其他地方周襄王连一平方米都动不了。现在又把四座城池给了晋国，周王室手里的资本就已经接近枯竭，人口数量也减少了很多。

晋文公得了这四座城池，晋国的版图马上就伸入了中原一带。后来，让秦国最头痛的对手，就是以此为中心的魏国。

退避三舍的真相

平定王子带之乱为晋文公登顶霸主奠定了重要的基础，但真正称霸却是在晋、楚城濮之战以后。也许，大家会感到奇怪，楚成王不是对流亡时代的晋文公挺客气的吗？晋文公还承诺，如果晋、楚两国发生冲突，晋军会对楚军退避三舍。晋、楚两国怎么又打起来了呢？这一切都跟晋文公的对外政策有关。

作为一位花甲之年才继位的国君，晋文公深知自己的劣势。年龄是个过不去的坎儿。当时的人寿命都比较短，很多人都活不到晋文公的年龄就已经去世了呢。可他的胸中偏偏跳动着一颗霸主之心。再加上狐偃这位舅舅在晋文公继位初年就时时鼓励他"求霸"，于是一切阻挡晋文公称霸的障碍都要清除，哪怕是对他有恩的楚成王。

晋文公四年（前632），楚成王联合陈、蔡、郑、许等国一起围攻宋国。宋国一看大事不好，立马派公孙固向晋国求救。

接到宋国的求救信息之后，晋文公开了个会，问大家这仗能不能打。要知道，这是以楚国为首的诸侯联军啊！楚国本身实力强劲，又不是那种时常可以用来做借口的戎狄。一旦跟楚国开战，胜负难料。更何况，楚成王在晋文公落难的时候还对他礼遇有加。跟楚国开战，名声也不好听。

先轸第一个发言："如果这时能打败楚国，国君这个霸主就做定了。臣认为，就一个字——打！"

狐偃说："咱们不必去跟楚国直接对垒，只要猛扁卫国和曹国一顿就行了。曹国刚刚依附楚国，卫国又刚刚跟楚国联姻，如果咱们攻打这两国，楚国一定会前来支援。这样，咱们就完成了援宋的任务。"

狐偃的计策确实是条妙计，一箭双雕，既救了宋国，又恶心了以前对晋文公无礼的曹、卫两国。其他人也没有提出反对意见。于是，决议形成，出兵曹、卫。

晋国军队按照赵衰的计划进行了部署：郤谷将中军，郤臻佐之；狐偃将上军，狐毛佐之，赵衰为卿；栾枝将下军，先轸佐之；荀林父御戎，魏犨为车右。这是当时晋国最豪华的军事阵容。

晋国的第一个打击目标是曹国。不过，晋国跟曹国并不接壤，要想攻打曹国，就必须向卫国借道。卫国的回复也很干脆，就俩字——不借！这时，卫国的国君是卫成公。他的父亲就是那位曾经对晋文公无礼的卫文公。卫成公怎么敢那么干脆地拒绝晋文公呢？

虽然史料没有明确记载，但并不难猜。一来，晋国有过借道的最坏记录（晋文公的父亲晋献公曾经假虞灭虢），借道给晋国风险实在太大；二来，卫国跟楚国刚刚联姻，如果借道给晋国，楚国就会报复；三来，先君卫文公得罪过晋文公，不知道这位大爷会不会秋后算账。

无论如何，反正不借就对了。卫成公这边下定决心不借道，晋文公那边气得要命。他下令大军改变行军路线，渡过黄河，向卫国进攻。很快，晋军就攻下了五鹿。五鹿正是晋文公流亡齐国途中讨饭被人送土块的地方。也许，到了五鹿，晋文公看着熟悉的地方也会感慨良多吧。

拿下五鹿之后，晋文公知道跟楚国的关系已经走向了全面恶化的地步。他不是菜鸟，知道与楚国对着干不管是赢是输，结果都会很惨。因此，必须在展开军事行动的同时，展开积极的外交活动，团结一切可以团结的力量，共同对付楚国。

齐国是楚国传统的敌人，因此成了晋文公重点团结的对象。这时的齐国已经不是齐桓公时代了，当年的霸气早已蒸发干净，又加上刚继位的齐昭公立足未稳，正想找个强大的外援来依靠，听说晋国主动示好，高兴得要命，二话不说，就跟晋国结盟了。这样一来，卫国就夹在了齐、晋两国之间。

卫成公听说之后，十分郁闷。齐、晋都是大国，他就算力量再大上几倍，都不是任何一个国家的对手。到了这时，他才知道，得罪楚国没有好果子吃，得罪晋国的后果也很严重，而且这个严重的后果马上就要降临到自己头上。晋国军队拿下五鹿之后，正声势浩大地深入卫境。

卫成公痛定思痛，决定放下身段，派人向晋文公示弱，请求加入晋齐同盟。晋文公的回复也很干脆，也是俩字——不行！这下，卫成公害怕了，而且怕得要命。也许此刻的他内心也对父亲卫文公充满了怨恨。

曾有剧作家为此时的卫成公设计了一段内心独白，具体如下：

"天下这么多人，谁不好得罪？硬是去得罪这种强势人物。卫国在诸侯中算老几？你把人家得罪了，自己又及时地死了，却把这个后遗症丢到我的身上。你叫我怎么活下去啊！"

可抱怨根本没用，晋国并不会因为听见了几句抱怨就退兵，更何况他们根本听不见。卫成公还得打起精神应对当前的局面。最后，卫成公决定向楚国求救。可惜，这次没等卫成公的使者出发，卫国的大臣们就先动手了。他们赶走卫成公，并派人向晋文公求和。

恰巧，这时晋军的总指挥（中军将）郤谷突然在军中去世。尽管如此，晋文公并没有打算放过卫国，在宣布由先轸继任总指挥之后，命他继续猛攻卫国。楚国一看卫国情势危急，立刻出兵援助，可惜没有成功。

占领卫国大片国土，控制住卫国局势之后，晋文公并没有恋战，而是选择进攻曹国。这时曹国的国君仍然是曾经对晋文公无礼的曹共公。曹共公作为小国之君，没有长远的眼光也就罢了，还特别好色。其实，他喜欢美女也还好，顶多算私德有点小毛病，可惜他太能折腾。

在曹国，只要是被曹共公看中的美女，就会被赐一辆轩车。据统计，乘坐轩车的美女有三百人之多。这数量实在有点惊人。实际上，美女的数量并不是最令人吃惊的。在当时，轩车是大夫才能乘坐的，可曹共公却让美女们随便坐着玩儿。可以说，曹共公犯了一个大忌。

再加上这位喜爱女色的国君屡次不听釐负羁的谏言，所以这次晋国军队一围困曹国，曹共公只能跟他的亲信们大眼瞪小眼。结果一点悬念也没有。很快，晋军就攻破了曹国的首都，俘虏了曹共公。虽然曹共公可恶，但晋文公没有忘记釐负羁的恩德，下令晋军不得骚扰釐负羁的家和他的族人。

晋文公先后灭掉卫、曹两国，出了心头一口恶气，楚成王却气得要命。曹、卫两国刚刚成为楚国的附庸国，晋国就一下子把它们都干掉，连曹共公都被俘虏，简直太不给他面子了。于是，以楚国为首的联军加紧了对宋国的攻势。宋国抵挡不住，又派使者向晋文公告急。

这下子可把晋文公难坏了。救宋国，就得跟楚国正面交锋，可楚成王对自己有恩，跟楚国交战就是忘恩负义；不救宋国，宋襄公生前又对自己很好，到底怎么办呢？这时，晋军的总指挥先轸出了一个主意：把曹共公抓起来 [①]，把曹国和卫国的土地分给宋国，这样楚国就会退兵了。

先轸这招儿很管用，楚成王一看晋国的做法，立马撤兵了，但他的首席大将子玉却不干。堂堂强楚还怕什么晋国？在子玉看来，自家大王对晋侯以礼相待，晋侯却不知好歹。明明知道楚国跟卫国、曹国的关系，还欺负它们。如果现在不打击一下晋侯的嚣张气焰，以后就会欺负到大王头上来。因此，他强烈要求带兵狠狠地打击晋文公。

_____

①　曹共公之前虽然被俘，但只是被软禁。

楚成王耐心地给子玉分析形势，告诉他跟晋国硬拼，对楚国不利，可子玉根本听不进去。最后，楚成王生气了，只给子玉留下了数量很少的军队。

子玉是个自尊心很强的人，觉得自己带着大军前来攻打宋国，任务没有完成就灰溜溜地撤军，跟打败仗没有什么差别，于是他派人去对晋文公说："如果您恢复了曹国和卫国，臣下也会停止进攻宋国。"他认为，他的办法是个好办法，晋国肯定会愉快地接受。

还没等晋文公发言，狐偃已经抢过发言权，他大声地表示反对："子玉这家伙把咱们当傻子看了。您是一国之君，得到的只有一国之利；子玉只是一个臣下，得到的却是两国之利。千万不要答应他！"

先轸却不同意狐偃这种简单粗暴的做法。在他看来，直接拒绝楚国会让晋国处在不利的地位，不如私下许诺曹、卫两国复国，扣押楚国使者，视楚国的反应再做下一步打算。

晋文公觉得先轸的办法更稳妥一些，就同意了。他知道子玉的性格，一旦自己这么去做，那家伙一定会发飙，晋、楚之间就得狠狠地打上一场。所以，他派人去跟秦、齐两国取得联系，请它们来做自己的帮手。

果然，子玉接到卫、曹两国的国君写给楚国的绝交信之后，大发雷霆，马上撤了宋国的包围圈，直奔晋军而去，准备给晋文公这个老家伙点颜色看看。只是，他一点没有想到，晋文公这次的目的就是帮宋国解围。

晋文公最担心的就是，在晋军赶到之前，子玉就已经拿下了宋国。如果楚国灭了宋国，晋国就会十分被动。晋国和楚国本来就在南面接壤，楚国一旦拿下宋国，就会从东、南两个方向包围晋国。另外跟晋国接壤的两个国家，郑国已经明确表示跟随楚国，齐国仅有自保的能力。那样一来，晋国不但霸主做不成，还有被楚国收拾的危险。好在子玉上当了。

子玉绝对是个好战分子，他动作很快，没几天就带着部下出现在晋军面前，并向其发起了进攻。

大家都认为，楚军劳师远征，长途奔袭，疲惫不堪，晋国选择这时开战，即便没有取得全面胜利，也会让楚军元气大伤。没想到，晋文公不仅没有下令进攻，反而要求晋军退后了三十里。

这一反常的举动在晋国军队中引起了骚动。随后就有人质问为什么要在全面占优的情况下撤退。狐偃站出来，给大家做了解释："大家难道忘了吗？以前国君在楚王前面许诺过，碰到楚军时，要退避三舍。现在碰上了楚军，咱们要是不退，就是背信弃义。因此，必须退！"

其实，狐偃还有潜台词没有说出来。

第一，这场大战的输赢不重要，重要的是帮国君拿到霸主之位。作为霸主，能打胜仗固然重要，但信用更重要。如果有了背信弃义的名声，就算再赢几场大战，也没有什么用。

第二，楚成王肯定也不想打这一仗。晋、楚这次冲突完全是子玉强烈要求的结果。楚成王心里很不爽，只给了子玉数量很少的军队。所以，子玉率领的是一支数量又少又疲惫的军队，很容易被钻空子。

晋文公跟舅舅心意相通，根本没有受众人的意见影响。于是，晋军一退再退，一共退了九十里（即"退避三舍"）。

看晋军这么怂，子玉觉得很爽。不过，楚军里也有明白人，觉得晋军在全面占优的情况下竟然不明原因地撤退，肯定有阴谋，就劝子玉退兵。可子玉正在兴头上，根本听不进去，他还准备继续进兵，活捉晋侯。

虽然"退避三舍"还了楚国的恩情，但晋文公心里还是不踏实。他对于跟楚国翻脸这件事还是耿耿于怀，以至于做了一个噩梦。在梦中，楚成王把他打倒在地，还骑在他身上……晋文公醒来之后，马上觉得前途不妙，叫人把狐偃找来。

狐偃过来时看到国君的脸色很难看，就知道他太紧张了。要是让大家看到他这个脸色，这仗根本不用打了，得想个办法提高他的信心。

晋文公把自己的噩梦告诉了狐偃，询问狐偃的看法。狐偃告诉他："这是个好梦呀！这个梦预示着楚国将要臣服于晋国啦！"

晋文公一听舅舅这么说，也顾不上是不是胡扯了，立马重新鼓起了信心。而此时，齐、秦、宋三国的援军也已经到了。

既然不免一战，那就开战吧。比起晋文公靠狐偃忽悠起来的信心，子玉却是真正的自信，他率领楚国最精锐的若敖六卒，信心满满地下了决断："此战过后，一定再也没有晋国了。"

有自信是好的，过于自信就会走向反面。子玉就是如此。也许硬碰硬，晋军不是楚军的对手，但用上计谋就不一定了。

先是晋将胥臣把虎皮蒙在马上，命军队冲击楚国的附庸陈、蔡两国的军队。后者很快就被吓得屁滚尿流，还连累楚国的右师也跟着溃败。

再是栾枝设下了埋伏，让一部分士兵跟楚军对打。只一个回合不到，这部分士兵就全面崩盘，丢下武器，撒腿就逃。如果是曹刿，肯定会叫大家不要追。可子玉不是曹刿，他历来看不起晋兵，下令全面追击。于是，晋国的那队败兵把楚军带进了埋伏圈。

先轸看到楚军冲进了埋伏圈，一声令下，伏兵四出。楚军这才知道，自己上了当。于是，楚军大败，子玉好不容易才收住了败军。

一收到楚军大败的消息，楚成王很生气。寡人不是几次叫你退兵么？

你一定要打，现在打成什么样子？不但损兵折将，弄得楚国的形象也全部破坏了。你该死！

子玉派儿子回去向楚王汇报败绩，得到了这样的回答，他觉得真的没有脸活下去了。

楚成王大骂之后，有亲信提醒他，您这样不管不顾地发脾气，子玉会自杀的！楚成王一听，有理，急忙派人赶快过去，请子玉不要自杀。哪知，他动作快，子玉动作更快，使者还在路上，子玉已经变成了一具尸体。

这次战役就是史上著名的城濮之战。城濮之战后，晋文公终于成为诸侯霸主，达到了他个人事业的巅峰。

晋文公的霸主威风

晋文公成为霸主，他的岳父兼姐夫秦穆公心情却并不好。这么多年来，秦穆公一直把工作重心放在与晋国的交往上，而且貌似做得很成功，连确立晋国国君的大权都牢牢地掌握在手中。在秦穆公跟他的亲信们看来，只要在晋国培养出一个亲秦政府，让晋国国君成为自己的傀儡，秦国就能逐渐向中原地区渗透。哪知傀儡并不好培养。

像晋惠公那样的，事情还没成功之前，什么样的白条都敢开，可一旦坐上国君的位子，就什么脸都不要，不但死不认账，而且还跟你划清界限，妄图彻底摆脱你的控制。

像晋文公那样的，又容易失控。晋文公虽然人品比晋惠公好多了，但脑袋里都是要称霸的想法。才短短两年时间，晋文公就从弱势君主转型成了强悍诸侯，先是平定王子带之乱，帮周襄王重夺王位，再迅速拿下曹、卫两国，接着又和实力强劲的楚国在城濮大战一场，打败楚国头号名将子玉。

实际上，晋文公取得辉煌成就的这些战役，秦穆公都参与了，但每次都是棋差一着，只好扮演助手的角色。什么时候才能轮到自己呢？不过，晋文公继位时候就已经是个老头子了，又在外流亡了十几年，估计也没几年好活了。可秦穆公是晋文公的姐夫，虽然史料没明确记载他的年龄，恐怕也跟晋文公不相上下。因此，秦穆公心里很不是滋味。

当秦穆公心里不是滋味的时候，晋文公却春风得意。他也向首任霸主齐桓公学习，多次召集诸侯会盟。

据有关部门统计，齐桓公当霸主时曾经"九合诸侯"，也就是说，他一共召集了九次诸侯会盟。不过，客观地讲，这九次会盟质量并不高，每次来的大都是小国，其实起不到什么作用。实力强劲的那几个大国根本没有参与。之前晋文公的父亲晋献公曾经想参与一次，结果还因为生病错过了。

晋文公觉得自己要开创新的时代，不能老是沿用齐桓公时代的老规格，必须让大国也参与进来。当然，有大国参与会盟，说明晋国比齐国更有号召力。因此，践土之盟的时候他就向秦、齐等几个大国都发出了通知。

践土之盟是城濮之战后，晋文公确立霸主地位的会盟。收到通知的几个大国是否与会直接决定着晋文公今后在诸侯事务中影响力的大小。

齐国这个曾经的霸主之国现在已经衰落得不成样子，在诸侯事务方面丧失了以前一言九鼎的影响力，接到这个通知时，一点意见也没有，很爽快地回复了四个字——按时参加。

秦穆公接到通知时，心情就复杂得很。本来这个通知该由自己发出，眼下却由以前的帮助对象晋文公来发布，他真心不服。不过，还是按时参加吧。不参加这次会盟，就是跟中原诸侯划清界限，会受到中原诸侯的集体孤立。而东出一直是秦国历代先君的梦想，不能毁在自己手上。于是，秦国也回复了——按时参加。

　　有了齐、秦两个大国的加盟，践土会盟很成功。同年冬，晋文公又在温地举行会盟。会盟结束，他亲自去朝见周襄王，又把卫成公押送到了洛邑。从表面上看，这是向天子献俘，而实际上呢？晋文公准备让周天子帮忙"背锅"。

　　晋文公对卫文公、卫成公父子相当有意见。父亲对自己无礼，儿子又拒绝自己借路的要求，还准备勾结楚国袭击自己，真的是是可忍孰不可忍。不过，姜还是老的辣。晋文公把卫成公交给周王室后并没有急于下手，直到两年之后，才指使人毒杀他。

　　幸好卫国大夫宁武子贿赂了下毒的人，卫成公侥幸不死。这下子可把卫成公吓坏了，他连忙向周襄王和晋文公献上了赎罪的玉璧，还请鲁僖公做说客，替自己美言。周襄王对同姓之国还是非常照顾的，就替卫成公在晋文公面前说了好话。晋文公当然不会驳周天子的面子。晋文公七年（前630），卫成公获释，并回国复位。

烛之武退秦师

　　卫国的事情告一段落，但晋文公并不满足，他觉得还要给郑文公点颜色看看。郑文公不仅对流亡中的自己无礼，还在城濮之战的时候跟楚国勾勾搭搭，后来看楚国败局已定才讨饶，这个人实在是两面三刀，可恶至极！

为了解决郑国的问题，晋文公又在翟泉会盟。现在解决了卫国的问题，该轮到郑国了。于是，就在卫成公获释的那年九月，晋、秦两国发兵攻打郑国。

郑国长久以来被夹在几个敌对的大国之间，跟拳击手的沙包没有什么两样，不管站在哪边，都是被痛打的对象。郑国虽然有着丰富的被打经验，但从没有出现过像当时那样的情况。郑文公顿时觉得问题严重，完全不知道怎么办才好，只剩下着急了。倒是大夫佚之狐还冷静，对郑文公说："现在局势已经很危急了，如果您能派烛之武去见秦伯，秦伯就会退兵。"

郑文公根本不知道烛之武的才能如何，但有办法让秦国退兵就好，于是他听取了佚之狐的建议，派人把烛之武找来。没想到烛之武一口拒绝："老臣年轻的时候就不如别人，现在老了就更加无能为力了。"

郑文公虽然也怀疑这位老人家完成任务的能力，但还是放低姿态，诚恳地说："不能早点任用您，现在事情紧急了才去求您，是寡人不对。不过，郑国要是亡国了，对您也很不利呀！"

烛之武一听，国君这么谦虚，这么恳切，就接受了任务。很快，身为使者的他就见到了秦穆公。此时，秦穆公已经在位三十年，而且威名远播，烛之武要说动其退兵，并不是一件容易的事。要让这样的君主动心，就一定要讲其关心的事，设身处地地为其着想。烛之武就是这么做的。

一见秦穆公，烛之武就摆出了自己的观点："秦、晋围郑，郑既知亡矣。"意思是说，秦、晋联军攻打郑国，郑国知道自己不能免除亡国的命运。典型的哀兵策略，它的作用就在于不会让秦穆公反感。

接着，烛之武又在此基础上发挥："若亡郑而有益于君，敢以烦执事。

越国以鄙远，君知其难也，焉用亡郑以陪邻。邻之厚，君之薄也。"他的意思是，可郑国灭亡之后对秦国有什么好处呢？"好处"二字深深触动了秦穆公的内心。为什么呢？

就像烛之武说的，郑国离秦国很远，中间还隔着一个晋国，就算晋国说话算数，分给秦国一部分郑国的土地，秦国管理起来也会非常麻烦。时间一长，这块"飞地"就很容易融入晋国，从而让秦国白忙一场。这样的话，秦国的利益就会受损。

那么，要想让秦国利益不受损又该怎么办呢？两条路。第一条，给郑国一条生路。"若舍郑以为东道主，行李之往来，共其乏困，君亦无所害。"第二条，看清晋国的丑恶嘴脸，不做损害自己的事。"且君尝为晋君赐矣，许君焦、瑕，朝济而夕设版焉，君之所知也。夫晋何厌之有？既东封郑，又欲肆其西封，不阙秦，将焉取之？"

当然，最后烛之武还以退为进，说了一句"唯君图之"。这就类似于"我的建议就是这样，请您看着办"。

秦穆公本来抱着分一杯羹的心理，参加了这次攻打郑国的行动，但烛之武的一番分析让他意识到自己对于形势估计的不足，于是他决定单方面和郑国讲和。稍后，秦、郑两国举行了会盟，秦穆公留下了杞子、逢孙、扬孙三将驻守郑国，自己撤军回国。

秦军撤走让狐偃很不爽，他向晋文公请求加紧攻打郑国。晋文公觉得再打下去没有意义，拒绝了狐偃的提议，也撤军回国了。虽然仗没有打起来，但晋文公并不打算让郑国好过，他向郑文公提了一个条件——让公子兰当太子。

为什么晋文公要指定公子兰为郑国太子呢？原来，郑文公年纪已经不小了，但还没有明确继承人的人选。之前虽有太子华，但太子华为了保住自己的地位竟然出卖郑国的利益，后来被废杀。受郑文公宠爱的五个儿子都因为获罪早死。郑文公一怒之下，就把其他儿子都赶走了。公子兰跑到了晋国。让亲晋国的公子兰为太子，以后追随晋国行事，只要晋国发出号召，叫他们打谁他们就打谁。

郑文公虽然不想答应，但形势比人强，只好答应。公子兰成为郑国太子后，晋国才和郑国会盟，并撤兵回国。

因为负责监控郑国的杞子等人，秦穆公很快也知道了这一消息，但他并没有采取什么措施。并不是不气愤，而是烛之武说得很对，秦国离郑国实在太远，还要经过晋国境内。要是自己对郑国有想法，晋文公能同意吗？根本不可能。只怕还没有跟郑国接触，秦国就会遭到晋国的暴击。这样的蠢事，秦穆公根本不会做。

身为春秋时代的人，秦穆公肯定不会说类似"既生瑜，何生亮"的话，但他和晋文公的情形确实差不多。不过，秦穆公也没有继续郁闷很长时间。没过多久，晋文公就去世了，那批跟随晋文公的老臣也陆续离开了人世。秦穆公认为，属于自己的时代终于要到了。

第六章
秦穆公的雄心壮志

郑国带来的机会

秦穆公这些年来想当霸主想得要命，可惜老被晋文公抢先一步。现在晋文公已死，秦穆公就提起精神，要把霸主之位抢过来。如果再等下去，恐怕就跟晋文公一样，享受不了几年霸主的荣光，人生路就到头了，那样实在没有意思。不过，称霸也要讲究时机，不能蛮干。幸运的是，没过多久，机会马上就来了。这个机会是驻守郑国的大将杞子创造的。[①]

秦穆公三十二年（前 628）四月，郑文公去世，公子兰继位，就是后来的郑穆公。杞子虽然是秦国大将，但机灵得很，竟然获得了郑国人的信任，掌管了郑国首都北门的钥匙。他十分开心，就派人回去向秦穆公汇报："臣下已经掌握了郑国首都北门的钥匙，如果您能悄悄地带兵过来，有我们做内应，一定能得到郑国。"

秦穆公一听，非常心动，但他还是先去征求智囊们的意见。没想到他刚一提出来这个设想，就遭到了蹇叔的坚决反对。[②] 反对的理由如下：

---

①　一说，是郑国司城缯贺把郑国的情况泄露给秦穆公的。

②　一说，反对出兵及哭师的是百里奚和蹇叔两个人。

第一，郑国离秦国太远了，说是突然袭击，可走这么远的路，不走漏消息才怪。人家有了防备，咱们这仗能好打吗？根本不可能。

第二，郑国跟秦国不接壤，即使打下来，咱们能控制得了吗？这种战争就算打赢了，也等于白打，打输了就彻底赔本。

当然，还有一点，蹇叔没有明说。要打郑国，需要经过晋国，晋国能让他们过去吗？只怕还没有到郑国，就先爆发了秦晋之战啊！

秦穆公这时脑子里全是胜利的前景，哪里听得进这些话，尽管蹇叔反对，他还是决定出征。于是，秦穆公派百里奚的儿子孟明视为主将，蹇叔的儿子西乞术和白乙丙为副将，带着大军向郑国进发。

就在出师的那天，蹇叔来到东门，对着大军放声大哭。秦穆公知道后很生气。如果是别人在这时做出这样的举动，他肯定二话不说，直接叫传令官杀人祭旗。可蹇叔是当年他引进的第一批人才，多年来为秦国的事业兢兢业业，杀了他又实在舍不得。于是，秦穆公强忍着怒气发了句牢骚："您真是老糊涂了呀！"

虽然被国君吐槽，但蹇叔丝毫没有放弃自己的责任，他对出征的儿子说："郑国没什么可怕的，但晋国很可怕。如果晋军真要来打你们，一定会在崤山那里设伏。你们到那里时，一定要多加注意。"

就这样，带着秦穆公满满的期望和蹇叔满满的担心，秦军出征了。

商人弦高的诡计

秦穆公三十三年（前627）春天，秦军东进，很快就来到滑国的地界，再向前不远就可以到达郑国了。孟明视等人对此次攻打郑国充满了信心。

一来，有杞子等三将作为内应；二来，去年冬天，晋文公刚刚过世，晋国正在办理国丧，恐怕没有闲工夫管郑国的闲事。看来这次国君要如愿以偿了。可就当孟明视他们信心满满的时候，有人却把他们的信心彻底打回了老家。这个人是弦高。

弦高是郑国著名的牛老板。这时，他正赶着一群牛，准备到洛邑卖掉，突然发现前面有很多军队，就派人去打听到底是哪国的。仆人回报，是秦军。

弦高不仅经济头脑发达，政治神经也很敏感。如果是别人一听说是秦国大军在前面，肯定会先把牛群转移，等大军通过之后再出发。至于秦军，去干什么，跟他无关。弦高却不一样。

他很快就得出结论，秦军突然偷偷摸摸地出现在这里，肯定是想对郑国不轨。郑国要是亡国了，他也就成了亡国奴，根本不可能保有现在的财富。因此，在他看来，保护郑国，就是保护他的生意。怎么办才好呢？弦高很快就想出了办法，他直接来到秦国的军营，声称自己是郑国使者，要拜见秦军统帅。

孟明视他们正计划着如何发动突然袭击，一举拿下郑国。哪知这个规划还没有标上句号，郑国的使者就来了。虽然吃惊不小，但不管怎么样，还是先见面再说，也好探探郑国的虚实。

弦高虽然只是一名商人，但面对秦军的统帅丝毫没有紧张。他十分平静地解释了自己的来意："敝国国君已经知道秦伯的打算了。敝国正严守城池，检查装备，并派小臣送来十二头牛，慰问你们。区区薄礼，不成敬意，还请收下。"

孟明视等人一听，吓了一跳，他们才刚到滑国，郑国就什么都知道了。

很显然，对方早有准备，要不然哪能这么快就准备好牛，又这么快就送过来。孟明视等人对弦高的话深信不疑。

郑国当然实力不济，没有什么好怕的，可郑国跟晋、楚两国关系密切。万一它已经跟晋国或者楚国达成一致，有了援军，那劳师远征的秦军可就要倒霉了。孟明视等人对视了一眼，马上就做出判断，这仗不能打了，必须叫停。

可转念一想，他们又觉得窝囊。带着大军折腾了这么久，来到这里什么都不做，不但惹人笑话，就是自己都觉得脸红，于是孟明视等人决定灭了滑国。他们以为这个临时决定很聪明，对大家、对自己都有了交代，哪知这个临时决定却差点儿要了他们的性命。

滑国是个小国，人口不多，国力不强。孟明视一做决定，几乎没费什么力气就把滑国灭了，然后率军回师。

孟明视以为自己这一招很聪明，其实上了弦高的大当。本来郑国对秦国出师一无所知，对秦国一点防备也没有。弦高一边忽悠孟明视，一边派仆人拼命跑回去向国君报告。

郑穆公接到报告后立即采取行动，派人去看杞子等人的动静，果然看到这伙人都已经收拾行李，准备武器，一副时刻准备打仗的样子。于是，郑穆公就派皇武子去见杞子等三将。

皇武子很客气地说："你们这么多年来一直为敝国的安全负责，真是辛苦了。遗憾的是，敝国资源有限，根本没有办法继续为你们提供供给了。听说你们要回秦国了，郑、秦两国亲如一家，秦国的园圃就是郑国的园圃啊。那么，你们就去秦国补充给养，这样敝国也得以休养生息啊！"

杞子等人一听，意识到秦军偷袭的事被郑国知道了，应付完皇武子之后就马上逃离了郑国。其中，杞子逃到了齐国，逢孙、扬孙逃到了宋国。就这样，秦穆公不仅偷袭未成，反而把自己的野心暴露在了众人面前。

这时，晋国也听说了郑国和滑国发生的事情，晋国高层都很愤怒。本来，谁都知道，郑国和滑国是晋国的势力范围。嬴任好（秦穆公）这家伙竟然敢虎口拔牙，真是活腻了！这时，晋国的国君是刚刚继位的晋襄公。

秦穆公这次敢于冒险，就是以为晋国国君刚刚换届，正是政坛重新洗牌的关键时刻，即使知道秦军过境，也不会有所行动。可以说，他的这个想法没有什么问题，但错就错在孟明视突然改变计划，灭了晋国的附庸滑国，大大地刺激了晋襄公。

晋襄公的水平和胆略虽然比不上他的父亲，但他一心想继承父亲的遗志，把晋国的霸主事业继续进行下去。现在才一当政，人家就这么上门欺负，哪能不生气。虽然当时晋文公还没有下葬，但晋襄公命令大军穿上丧服，务必消灭胆敢挑战霸主权威的秦军。

秦军惨败崤山

晋军的统帅先轸完全可以称得上是当时一流的军事家，打仗从来不蛮干。他选好了最有利于伏击的地点，等孟明视的部队开过来。这个地点就是蹇叔之前再三提及的崤山。孟明视虽然不是顶尖高手，但也不是菜鸟，何况曾经得到过蹇叔的警告，因此到了崤山时，就提高了警惕。

被双方重臣都重视的崤山，其地形确实很适合埋伏：两边全是高山，一条路孤单地从大山里穿过。孟明视虽然很谨慎，但也没能逃脱失败的命运。据《左传》的记载，此役"（晋襄公）发兵遮秦兵于殽，击之，大破秦军，无一人得脱者"。就连身为统帅的孟明视等三人也被活捉。

据说，晋襄公亲自参加了殽之战，由梁弘驾驶战车，以莱驹为车右。激战到第二天的时候，晋襄公抓住了一名秦兵，命令莱驹用戈杀死他。秦兵一看性命不保，就尖叫起来，莱驹吓了一跳，把戈掉在了地上，结果狼瞫从地上拾起了戈，并用它杀死了尖叫的秦兵。就这样，狼瞫代替莱驹成了晋襄公的车右。

不过，这个小插曲并没有影响晋襄公的好心情。全歼秦军，活捉秦军统帅，这是父亲晋文公也没有取得过的战绩啊！但是，怎么处理这三个家伙才好呢？杀了？似乎不合适。放了？那不是太便宜秦国人了。于是，新上任的国君晋襄公在处理秦国俘虏时候犯了难，但晋国太后却已经拿好了主意。

晋国太后又是谁呢？她就是秦穆公的女儿怀嬴，现在又叫作文嬴。她虽然已经是晋国太后，但丝毫没有忘记父亲秦穆公。文嬴深深明白，孟明视等三个人是她父亲目前最得力的武将，要是死了，秦国就会受到极大的损失。

文嬴还是有些头脑的，她想救下孟明视等三人，并没有直接就让晋襄公看在她的面子上放人，而是耍了个花招。她对晋襄公说："秦国跟晋国本来很友好，亲如一家，现在闹成这个样子，都是孟明视这几个家伙害的。秦君很生气，恨不得亲手砍掉他们的脑袋。不如放他们回去，让秦君亲自处理他们。"

晋襄公哪会想到他的后妈会有其他想法，一听这话，觉得很有道理，既杀了三个敌人，又得了好名声，于是马上下令把孟明视等人放了。

这时，正好先轸来拜见晋襄公，又问起了秦国俘虏的事。晋襄公说：

"刚才寡人听母亲（指文嬴）说得很有道理，就把他们放了。"

先轸一听大怒，很不客气地对晋襄公说："大家拼尽全力才打败秦军，抓住这几个人，太后几句话您就放了。您这是'长他人威风，灭自家锐气'啊！秦伯根本就不是那样的人，怎么可能杀死自己倚重的大将。做梦吧！晋国就要灭亡了啊！"

先轸由于情绪太激动，只顾进谏，不留神把唾沫喷到了晋襄公脸上。晋襄公脾气超好，没有计较先轸的无礼，而是立马派阳处父去追孟明视等人。

孟明视等人虽然在战场上表现得有点迟钝，但这时清醒得很，怕晋襄公突然反悔，因此一出城就拼命狂奔，一口气跑到了黄河边上。等到阳处父气喘吁吁赶来的时候，三个人已经坐上了小船。

阳处父一看孟明视等人已经上了船，就从车上解下来一匹马，用晋襄公的名义送给孟明视。孟明视再怎么傻也不会上这种小儿科的当，站在船上向阳处父施礼，非常有礼貌地对他说："多谢晋侯的恩惠，能让小臣回到秦国，接受敝国君主对小臣的惩罚。如果小臣能侥幸免罪，三年之后一定会来报答他。"说完，一行人飘然远去。阳处父只好悻悻地回去复命。

晋襄公这时才反应过来，把孟明视等人放回去，真是大错特错。听阳处父说孟明视还在黄河上大声扬言要来报答自己，他简直郁闷极了。但一切都晚了，秦晋之间将由联合走向对抗。

秦穆公的复仇

秦穆公虽然有点固执，却是个爱惜人才的君主，向来不轻易杀人。因此，当孟明视等人狼狈地逃回来的时候，他一点不生气，还穿着孝服出来迎接，根本不给孟明视等人做检讨的机会，就直接把责任揽到自己的身上："这不能怪你们啊！都是寡人不好。寡人没有听蹇叔的意见，才让你们失败受辱，这个责任决不能让你们承担。请你们一定要用心准备，以雪前耻，不要懈怠。"

孟明视等人本来以为，这次回来就算不被杀，也会被罢官，哪知不但什么事没有，还被动地接受了国君的一番深刻检讨，心里只有感激了。他们发誓，一定要打败晋军，为国君挣回这个面子。

崤之战之后的第三年，秦穆公三十五年（前625），孟明视等人正式向秦穆公提出，要带兵攻打晋国。为什么他们这么有信心呢？有以下几个理由：

第一，上次交手，是一时不慎中了对方的埋伏，晋国取胜凭借的根本不是真本事；

第二，先轸已经死了，晋国没有能跟秦国抗衡的军事人才了。

既然如此，那还有什么好怕的呢？

先轸年纪不算大，本身才能又很突出，他的死又是怎么回事呢？看晋襄公那个好脾气的样子，也不像是秋后算账的人啊。原来，先轸因为上次一怒之下把唾沫溅到了晋襄公的脸上，回去越想越觉得自己太过分了。如果换成别的国君，估计没等自己把话说完，就会砍掉自己的脑袋。可国君脾气好得很，一边擦脸，一边向自己认错。反观自己的所作所为，哪里算得上人臣啊？

　　先轸越想越觉得自己不该继续活下去了。崤之战结束不久，晋国又遭到了狄国的入侵，先轸负责领军迎战。在晋军取得全面优势的情况下，先轸脱掉甲胄冲入了敌阵。一看统帅身先士卒，晋军更是鼓起勇气奋勇杀敌。最后，晋军大胜，先轸却战死疆场。

　　先轸战死，是晋国的巨大损失。这次秦军来袭，晋襄公任命先轸的儿子先且居为晋军统帅，迎战秦军。先且居虽然不如父亲先轸那样出名，但在城濮之战的时候也已经立下功勋，并深受狐偃的赏识。晋文公时代，先且居就已经"将上军"。所以，他此次能担任晋军统帅，并不是靠父亲的余荫，而是靠自己的能力。

　　秦军统帅孟明视呢？他在性格上很像父亲百里奚，非常自信。可打仗光有自信不够，还需要谨慎。这份谨慎，百里奚有，孟明视却没有。比如，他很看不起先且居，觉得先轸死了，晋国就没有什么出色的军事人才了。

　　孟明视看不起且先居，就犯了严重的错误。双方一接触，他才知道，晋军的战斗力太强悍了。结果，复仇之战秦军又失败了。孟明视非常沮丧地回到雍都，向秦穆公请罪。秦穆公还是没有怪罪他，还是任用他做秦军统帅。

　　秦穆公很清楚，孟明视并非没有才能，只是不够谨慎，思考问题不够深入，对手下士兵不够关心。先后败在先轸、先且居父子手下对孟明视打击很大，但只要再给他机会，他一定会有所作为。

　　孟明视并没有辜负秦穆公的信任，这次被国君赦免后，他认真思考了两次失败的根源，最后决定改变自己以往的做法。据相关史料的记载，此后"孟明增修国政，重施于民"。这样一来，他就得到了士兵的拥护。

晋国大夫赵衰听说之后，就对他的同事说，孟明视这个人不可小视啊，他这样勤于修习自身的德行，谁能比得上他呢？

就在孟明视苦练"内功"、准备报仇的时候，晋国倒先对秦国动手了。这是怎么回事呢？原来，虽然晋文公已经去世，但晋国仍然以霸主自居。是霸主，就要不断地发出自己的声音。于是，晋襄公开始在诸侯中立威。

客观地说，晋襄公的战绩是辉煌的。继位的第一年，他就连败秦、狄、楚三大强敌。继位的第三年，二月大败复仇的秦军，三月迫使鲁国与晋国会盟，六月与鲁、宋、郑、陈等国在垂陇会盟。会盟之际，陈侯还把卫国执政孔达献给了晋襄公。

眼看着大国战败、小国臣服，晋襄公长出了一口气。不过，赵衰对于孟明视的一番论断又让晋国那根神经紧绷起来。因此，晋国高层决定先下手为强。就在这一年的冬天，晋国联合宋、陈、郑等国攻打秦国。

这次赵衰的预言没有实现，孟明视并没有展现出让人刮目相看的能力，秦军仍然被打得一败涂地。以晋国为首的诸侯联军不仅大获全胜，还占领了秦国一座城。难道秦国就难以翻身了吗？还真不是。

到了第二年，秦穆公三十六年（前624），秦穆公决定对晋国开战。他再次任命孟明视为统帅，集合大军兵发晋国。

大军渡过黄河后，孟明视下令把船只全部当场烧毁。当场没有一个人提出反对意见。大家很明白，这是一场复仇之战，如果不能胜利，就会死在晋国，根本用不着船；如果胜利了，自然会有人供应船只。秦军就是抱着这种心思参与对晋作战的。

晋军前些年把秦军打得屁滚尿流，后来上门挑战，又攻下了城池，秦军也是束手无策。这时虽然见孟明视亲自前来，但谁也不把他放在眼里。

哪知秦军根本不是不久之前的软柿子，战斗力强悍得很，一举攻下了王官、鄜两座城。晋国这才知道，现在的秦国不是原来的秦国了。

孟明视带着秦国大军，深入晋国境内，但晋国的守将都谨守城池，不敢跟秦军交战。不久之后，秦穆公率军来到了崤山。这是当年偷袭郑国的秦军全军覆没的地方，也是秦国上下的伤心之地。

崤之战，秦穆公并没有参与，现在他来到原来的战场，放眼过去，是累累白骨。他知道，这些白骨全是他忠心的士兵，就因为他不听劝告，硬把他们派出去，最后都死在这个地方。

当年晋国杀死了这些秦军之后，只顾庆祝自己的胜利，根本没有打扫战场，所以当年战死的秦军一个个曝尸荒野，变成了一堆堆白骨。于是，秦穆公下令，把白骨全部收拾起来，埋葬好，并举行了祭祀仪式。秦军中的哭声三日不绝。

秦穆公狠狠地修理了一下晋国，还拿下了几座城池，使秦国的国际形象迅速得到恢复。不过，他头脑很冷静，知道晋国实力雄厚，现在不过是一时反应不过来，自己最好见好就收。于是，秦穆公下令班师。

秦穆公称霸西戎

秦穆公在国君的位子上坐了三十多年。这三十多年来，他一心向东发展，把诸侯霸主当成终极目标，而且他也确实有争夺霸主的实力。可后来，秦国的东出大业并不顺利，尽管两次插手晋国内政，拥立了两届亲秦政府，却没有得到什么实惠，倒是让晋国赚到了极大的利益。

秦穆公最后总结出，自己称霸不成的主要原因，并不是他没有实力，没有水平，而是因为晋国是姬姓，是周王室的同姓，他却是嬴姓，祖先只是周王室的马倌。那些东方诸侯虽然除了晋国之外实力都不强，但都讲究出身。他们虽然不敢惹秦国，却也并不把秦国当成自己的同类。这种排斥感在秦、晋两国的蜜月期并不明显。现在秦、晋失和，就很成问题。

再者，殽之战让秦军损失惨重，如果不休养生息，秦国就会连自保也成问题。所以，现在仍然不是东出的最佳时机啊！于是，秦穆公就把目光落到了跟秦国相邻的西戎身上。

不过，还没等他有下一步的动作，戎王就先派人到秦国来了。原来，尽管秦穆公没有得到东方诸侯的认可，但他的贤名早就传遍西戎各部落。这次，戎王派大臣由余出使秦国，就是想近距离观察一下秦穆公，看他是不是浪得虚名。没想到，由余这一来正中秦穆公下怀。这是怎么回事呢？

大家都知道，秦国自成为周王朝的附庸起，就一直在和西戎各部争夺地盘。虽然秦国的先君们几度将西戎打得没有还手之力，但他们就像打不死的小强，只要手中有了点力量，就会一窝蜂似的跑来抢地盘，根本不汲取教训。这让秦国历代君主都非常头疼。

秦穆公继位之后，西戎的隐患仍然存在。而要对付西戎，除了要有足够强的实力，还要有人才，最好是熟悉西戎内情的人才。

说到人才，秦穆公从继位初年就特别注意招揽。他招揽来的百里奚等人，使秦国在内政和外交方面都获得了巨大成功，国家综合实力大大增强。有了这些做基础，秦穆公就想教训一下这些不知好歹的家伙。

不过，还没等秦穆公主动出击，一个不错的机会就送上门来。秦穆公十一年（前649），也就是周襄王三年，王子带勾结戎人、狄人，要阴谋推翻兄长周襄王。这时，秦穆公联合晋惠公主动出兵勤王。最后，王子带兵败逃到齐国去了。从此，在正史的记载里，秦穆公与西戎的交集就消失了。直到秦穆公三十四年（前626），戎王派由余出使秦国，交集才再次出现。

俗话说，知己知彼，百战百胜。戎王派由余来秦国探听消息这一做法本身没有什么问题，哪知却把西戎部落唯一的知识分子免费送给了秦国。实际上，由余并不是西戎人，而是晋国人。他的先人因为晋国内乱跑到西戎，所以在戎地长大的由余深谙晋国的各种情况。

由余一来，秦穆公跟他交流了一次，就想让他留下来当秦国的大臣。要知道，秦穆公已经不是刚继位的年轻人了，经过三十多年的磨砺，早就具备快速识别人才的眼光。只交流一次，他就对由余产生了浓厚的兴趣，由余的才能可见一斑。怎么才能让由余留下来呢？

内史廖出了个主意。秦穆公听后，非常赞同。于是，人们便经常能够看见国君宴请由余。席间秦穆公还经常向由余请教地理和排兵布阵的问题。由余在雍都过得很舒服，要美食有美食，要良朋有良朋，只有一样，秦国就是不放他回去复命。

那边由余被秦穆公用各种手段留在雍都，这边戎王收到了不少秦国送来的女乐。虽然戎人战斗力不弱，但他们很少有机会接触到中原地区的繁华。戎王收到这些女乐之后，非常高兴，整天都沉溺其中。就这样，足足一年多之后，秦穆公才同意由余回去。

由余回去之后，发现戎王变化太大了，整天沉溺女乐，根本无心政事。秦伯真是狡猾！于是，由余苦口婆心地规劝戎王不要沉溺女色，要多对政事上心。遗憾的是，戎王只把那些忠言当耳边风。

此后，秦穆公又多次派使者来，向戎王索要由余。这下子，戎王看由余更不顺眼了。什么秦伯没安好心，我看是你吃里爬外吧？渐渐地，戎王不再像以前那样信任由余了。

秦穆公时刻都在关注着事态的进展，看到事情到了这个地步，就知道时机成熟了，马上偷偷派人去找由余，做他的思想工作，劝他跳槽到秦国。由余想起了在秦国度过的那一年，再想想现在的遭遇，终于下定决心投奔秦穆公。

有了深知内情的由余加盟，秦国的西戎事务自然就顺利了很多。秦穆公三十七年（前623），秦穆公用由余的计策攻打西戎各部，最终取得了"益国十二，开地千里"的成果。而且，这次征伐还使秦穆公"遂霸西戎"。就连周襄王也派人送来了铜鼓，还正式发文让秦穆公当上了西部地区的霸主。

秦穆公的这次向西扩张对秦国之后发展的影响是巨大的。有人说，正是秦穆公奠定了以后秦统一全国的基础。

第七章
两支秦嬴的较量

赵盾执政晋国

称霸西戎之后不久，秦穆公就去世了，他的儿子嬴罃继位，就是秦康公。秦康公是个有福之人，虽然兄弟有四十多个，但没有一个人来跟他争夺君位。继位之初，他就想延续老爸的既定国策，把重点放在西部地区，不再参与中原诸侯的事务了。可树欲静而风不止，就在秦康公继位的第一年，晋国的继位风波又波及了秦国。这是怎么回事呢？

原来，在秦穆公去世的同年，晋襄公也去世了。于是，晋国的换届工作立马启动，主持大局的是秦康公的远亲赵盾（晋国的赵氏家族是秦嬴的另一支）。

赵盾是谁呢？他是晋文公、晋襄公时代的重臣赵衰之子。

赵盾年纪并不大。是什么原因让年纪轻轻的赵盾成为晋国的执政呢？一切都要从他的父亲赵衰说起。

赵衰是跟随晋文公流亡的五位贤士之一。其余四位分别是狐偃、贾佗、先轸、魏犨。晋文公回国继位后，赵氏和先氏成为晋国高层的两大显赫家族。

晋文公四年（前632），晋文公创立三军六卿制度，当时的格局是郤谷将中军，郤臻佐之；狐偃将上军，狐毛佐之；栾枝将下军，先轸佐之。其中，中军将郤谷是赵衰推荐的。赵衰也在这一年被任命为卿。

先轸本人是军事天才，打仗的本事了得，先后打败了楚、秦两大强国，为晋文公登顶霸主立下了汗马功劳。他一路升职，从下军佐成长为职位最高的中军将。先轸战死之后，他的儿子先且居当上了中军将，成为晋国军事第一人，地位比赵衰还高。

不过，先且居任中军将时，三军六卿已经变成了五军十卿。说到晋国军制的变化，也跟赵衰有着密切的关系。由于赵衰多次推荐他人（先氏父子也都受过他的推荐），自己退让，晋文公十分感动，就在原来三军的基础上增加了新上军、新下军，并任命赵衰为新上军将。后来，赵衰升职，成为中军佐，辅佐中军将先且居。

先且居和赵衰这对组合配合得很好，孟明视那次复仇之战的失败就是拜他们所赐。可惜，好景不长，仅仅三年之后，晋襄公六年（前622），先且居、赵衰、栾枝、胥臣都相继去世了。此时，晋襄公有意改革军制，准备把五军十卿重新改成三军六卿。这下子，晋国高层一片大哗。

本来赵衰等人去世，一下子空出了四个名额，晋国大臣们死盯着那四个位子不放。尤其是中军将，谁抢到手，晋国的事就是谁说了算，而在晋国说了算就等于在诸侯国中说了算。就算原有的人都循例晋升，也还有四个名额可以期待。国君这么一改制，竞争就更加激烈了。

如果按照惯例，箕郑父、荀林父、先蔑、士谷、先都、梁益耳肯定会入选。他们都出身于晋国老牌的名门望族，资格比较老（属于老臣派）。可要是按照这种模式操作，作为新人派代表的赵盾就连成为下军佐都不可能。

难道就这样干等？根本不可能。再说，谁说年轻人就有大把时间？先且居难道年纪大？他跟赵衰、栾枝、胥臣根本不是一辈人，还不是英年早逝？要不然，能有箕郑父这些人蹦跶的空间？于是，为了进入六卿的行列，老臣派和新人派开始争权。

先且居的儿子先克知道，要是这次新人派没有人进入六卿的行列，先、赵等因跟随晋文公流亡而兴起的新兴家族就会被晋国传统的名门望族打败。尽管他有子承父业的打算，但他的资历太浅，比赵盾还低一辈，因此就联合其他同样出身新兴家族的人力挺赵盾。

两派相争，弄得晋襄公很头痛。晋襄公的性格很好。当年，先轸把唾沫溅到他的脸上，他还是红着脸赔笑，不但一点不怪罪，而且还继续让他们父子当政。像他这种人的特长就是和稀泥，哪边也不想得罪。可这时，必须得罪一方，总不能有两个中军将吧？

一番绞尽脑汁的思考过后，晋襄公终于下定了决心。在第二年春天，晋国在夷地举行了一次盛大的阅兵式，并且进行了军制和军队领导人的调整。具体方案是改五军为三军，以士谷为中军将，梁益耳为中军佐；箕郑父为上军将，先都为上军佐。

新人派一见这个方案，个个都头大了，再不力争自己这一方就彻底没戏了。

先克直接去找晋襄公，表达了强烈的不满。当然，他不能像他的爷爷那样对着国君的脸喷唾沫，只说了一句话："狐家和赵家的功劳，您可不能忘了呀！"他的原话是"狐、赵之勋，不可废也"。

晋襄公一听，觉得这话太有道理了。他不用翻开备忘录也知道，狐、赵两家为他们父子做出了巨大的贡献。不过，他更加知道，先克说这话，并不单单是为狐、赵两家鸣不平，更是在为他们先家抗议。想想也是，如果没有先克的祖父先轸、父亲先且居，晋国也许根本没有强大的军事实力。既然先克提出这个愿望，那就满足他吧。

于是，晋襄公又修改了任命方案：任命狐射姑为中军将，赵盾为中军佐，先克为上军将，箕郑父为上军佐，荀林父为下军将，先蔑为下军佐。

从这次权力分配上看，政治新锐们已经掌握了晋国的军事领导权，老臣派代表只排在后三名。如果按照这个权力格局，赵盾仍然得继续等待。因为那时是实行官员终身制的，中军将狐射姑跟赵盾年纪相仿，按照常规来说，赵盾成为中军将的可能微乎其微。可是，事情总有意外。正是这个意外使得赵盾有了成为中军将，进而执政晋国的机会。

当时，阳处父正出使在外。他虽然没有像狐偃和赵衰那样的大功，但身份很特殊——他是晋襄公的太傅。也就是说，他是晋襄公的班主任。从晋襄公的表现来看，这位国君绝对是个听话的好学生。

阳处父是赵衰提拔上来的，前段时间他出使在外，因此没有参与这次政坛的重新洗牌。等回来之后，他发现，狐偃的儿子狐射姑成了中军将，而自己恩人的儿子赵盾只是中军佐，就对他的好学生晋襄公说："赵盾比狐射姑更加德才兼备。"

晋襄公一听，自己一向敬重的老师都说赵盾比狐射姑强，那赵盾肯定是比狐射姑强了，就又调换了赵盾和狐射姑两人的职位。这样一来，赵盾就成了晋国的中军将，狐射姑反而成了他的助手。再加上之前赵盾继承了父亲赵衰执政大夫的职位，于是他成了晋国历史上第一位集军政大权于一身的权臣。从此，晋国进入了赵盾时代。

晋国的继位风波

赵盾当上晋国执政之后不久，晋襄公就去世了。国君去世，必须迎立新的国君。这次确立新任国君的权力掌握在赵盾手中。

虽然父亲赵衰生前多次跟秦国打仗，赵盾却想成立亲秦政府，因此坚决主张立公子雍当新任国君。公子雍是晋文公的儿子，当时正在秦国担任亚卿。而晋襄公临死前有遗嘱，让太子夷皋继位。

赵盾认为，太子夷皋年纪太小，一个几岁的孩子哪能做一国之主？大家在考虑新君人选的时候，不光要记得先君的遗嘱，更要记得晋国的历史，记得晋国的邻居是谁。秦国与晋国相邻，又实力雄厚，如果晋国的新君是个小孩子，秦国难免会有别的想法。如果公子雍成为新君，不但能让国内稳定，还能跟秦国重新恢复友好关系，把霸主事业继续下去。

狐射姑不同意。虽然他也认为现在形势复杂多变，实在不宜让一个小孩子当国君，却也不同意让公子雍回来。他拥护的人选是公子乐。至于理由，则是公子乐的母亲辰嬴受过两代国君宠爱。

赵盾认为，狐射姑太没有脑子了。辰嬴只是卑贱的小妾，还排在第十位，而且受过两代国君宠爱又不是什么光彩的事。再说，公子乐现居陈国，陈国这样的小国根本不能给晋国带来强大的助力。

于是，赵盾不再理会狐射姑，派先蔑、士会带人去秦国迎接公子雍。哪知狐射姑也很有性格。就在士会等人出使秦国的同时，狐射姑也派人去陈国请公子乐回国。赵盾知道后，当然很生气。他做事很果断，直接派杀手去刺杀公子乐。

公子乐和公子雍一样，本来从没有想过自己能当国君，只是本能地认为，如果留在国内，一不小心就会卷入政治拼杀的旋涡，因此很早就离开了晋国。哪知现在突然请他回去当国君，他觉得很兴奋。谁知这股兴奋劲还没有过去，公子乐就倒了大霉。

公子乐从陈国出发，还在半路上就被赵盾派出的杀手追上、杀死。狐射姑顿时大怒，随后也派出了杀手。不过，他要刺杀的人却是阳处父。

既然狐射姑恨赵盾恨得要死，恨公子雍也恨得要死，为什么又把刺杀的目标锁定为阳处父呢？阳处父虽然是晋襄公的老师，也经常代表晋国处理外交事务，但他不在六卿之列，也非赵盾的死党。原来，狐射姑一直怨恨阳处父向晋襄公进言，调换了他和赵盾两人的职位。如果没有阳处父，自己就是中军将，那公子乐就是板上钉钉的新任国君。

阳处父跟狐偃、赵衰是一个时代的人，根本没有兴趣参与狐射姑、赵盾这些小辈的争斗，推荐赵盾不过是出于对赵衰的感激，结果祸从天降，被刺身亡。

赵盾知道，阳处父的死肯定是狐射姑搞的鬼，可狐射姑是狐偃的儿子，又不能随便杀，于是就罢了狐射姑的官。狐射姑虽然免于一死，但心里还是不踏实，他怕赵盾秋后算账。因此，在参加完晋襄公的葬礼之后，狐射姑立刻孤身逃往狄国。赵盾这时表现得很大度，派人把狐射姑的家人和财产都送到了狄国。

处理完这件事，貌似障碍已经清除，公子雍可以放心地回国继位了。哪知还有人搅局。这个人的出现使公子雍大倒其霉，不仅丢了君位，还丢了性命。这个人就是晋襄公的夫人穆嬴。

晋襄公一去世，穆嬴马上就从春风得意的第一夫人变成了悲哀的寡妇。她很清楚，如果儿子夷皋不能继承君位，以后就惨了，而且不是一般的惨，会惨到没有活路的地步。于是，她就抱着儿子来到朝堂上大哭起来，请求大家按照老公的遗嘱去做，让她的儿子继承君位，还罗列了一大堆道理："先君有什么过错？太子又有什么过错啊？诸位，明明有太子，你们却无视他，反而跑到国外去请别人。"

朝堂上的那群男人一声不吭。

穆嬴一看，大家脸皮高度一致地麻木，就知道自己的哭诉根本不会起作用。于是，她又抱着儿子，跑到赵盾的家。

这次，穆嬴一反在朝堂上的泼妇做法，改走悲情路线。她抱着儿子，向赵盾磕头，然后说道："先君活着的时候就把这孩子托付给您了，他还叮嘱您一定要好好教导他。现在先君去世了，他的话好像还在耳边，您就放弃了这个孩子，反而去拥护别人。这是为什么呀？"

赵盾和同僚们都很怕穆嬴。这个女人天天抱着太子哭哭啼啼，搅得国政都没有办法处理。再说，太子夷皋是先君名正言顺的继承人，如果不立他，他就会成为国内反对派的一面旗帜。那样一来，赵盾这些人就会有生命危险。算了，反正不管谁当国君，自己都是晋国的执政，就立太子夷皋为君吧。

于是，小屁孩夷皋靠着母亲的眼泪当上了晋国新君，他就是晋灵公。

秦晋交恶

晋灵公继位，就意味着公子雍大祸临头了。

本来赵盾派先蔑为赴秦代表团的团长，负责迎接公子雍。可荀林父一听说这个消息，就跑去阻止先蔑。他对先蔑说："这件事看起来很光荣，实际上危险得很。现在国内夫人、太子都在，执政却想把公子雍迎回来继位，一定不会成功。您最好还是称病，不要出面了。不然的话，灾祸就会降临。再说，有摄卿（士会）去就行了，干吗非让您去呢？"

荀林父把事情看得很透，道理也讲得很明白，可先蔑没有听。荀林父急了，又吟诵了一首《板》。《板》出自《诗经》，是一首政治讽喻诗，本来是"凡伯刺厉王"的作品。荀林父吟诵这首诗，是为了劝先蔑不要出使秦国，可先蔑仍然不为所动。就这样，先蔑、士会带着使团去了秦国。赵盾拥立晋灵公的时候，使团还没有回国。

秦国自从秦穆公将关注点转向西部地区之后，就不想再插手中原诸侯的事了。更何况他们吃够了插手晋国内政的亏，彻底知道，不管是什么人当晋侯，都不会当秦国的傀儡，因此对晋国更加不想理睬。就算是晋国换届，秦国也没兴趣参与。没想到前些时候，晋国硬是派人来接公子雍。这下子，秦康公就不好再不表态了。

秦康公虽然没有父亲秦穆公的雄才大略，却是一个很重情义的人。他很看重跟晋文公的情谊。当年，秦穆公开始扶持晋文公，并把其接到秦国来时，秦康公就与这位舅舅兼姐夫建立了亲密友好的关系。对，他们之间的关系有点乱。

秦康公的父亲秦穆公为了跟晋国搞好关系，先是娶了晋文公的姐姐穆姬（穆姬就是秦康公的母亲），后来为了加固这层关系，又把女儿嫁给了晋文公，一下就把双方的关系搞乱了。不过，不管这种姻亲关系如何乱，秦康公与晋文公的关系还是很好的。

当秦康公送晋文公回国来到渭阳时，双方再次隆重地举行了道别仪式。过了渭阳，就是晋国的地盘。按当时的规矩，秦康公不能再送过去了，只得在这里告别。

在大家告别时，晋文公和秦康公还互相送给对方一首诗。

秦康公的这首诗就叫《渭阳》："我送舅氏，曰至渭阳。何以赠之？路车乘黄。我送舅氏，悠悠我思。何以赠之？琼瑰玉佩。"诗作表达出秦康公对于晋文公无限的情意。

晋文公虽然在对霸主的追求方面当仁不让，但他执政期间一直都和秦国保持着比较亲密的关系。因此，晋文公给外甥秦康公留下了极为不错的印象。公子雍是晋文公的爱子，又是被晋文公送到秦国来的，因此秦康公也对公子雍百般照顾。这时，看到晋国代表团前来迎接公子雍回去当国君，秦康公当然高兴，又派军队送公子雍回国。

秦康公认真汲取了晋文公的经验教训。当年晋文公回国时，只有赵衰等人跟随，护卫力量太过薄弱，差点儿被吕省等人害死。如果不是勃鞮事先通风报信，历史上就没有晋文公这个人了。所以，秦康公还特意为公子雍配备了人数众多的警卫团，只是他做梦也想不到，赵盾变卦了。

赵盾让太子夷皋当上国君之后，就做好了抵抗秦军的准备。因为公子雍不是一个人回来的，而是带着秦国大军。据说，秦康公为了公子雍的安全，还特地派了很多人保护他。赵盾也不含糊，马上亮出了晋国的最强阵容，除了上军将箕郑父留守绛都，包括自己在内的其余五卿全部出征。

行军到董阴时，赵盾还专门做了动员工作："如果让公子雍当国君，秦国就是我们的贵客；不让公子雍当国君，秦国就是我们的敌人。现在既然决定不让公子雍当国君，我们就不能再缓慢行军，那样的话秦军就会有所动作。因此，我们需要抢先下手。"

于是，赵盾亲自带着晋军连夜出发，在令狐碰上了公子雍的队伍。公子雍看见晋国的大旗本来很高兴，可后来发现这些人根本不是来迎接自己，而是来要自己命的。很快，秦晋双方陷入了混战。结果秦军大败，公子雍也在乱军中被杀。

接到前方兵败的消息，秦康公顿时大发雷霆。赵盾欺人太甚。想想也是，秦康公本来遵循父亲的既定政策，并没有干涉晋国内政的意思。是赵盾派人来要接公子雍回去。真把公子雍护送回去了，赵盾又带人半路偷袭。真是是可忍孰不可忍！必须好好教训一下晋国。

不过，秦康公很快就冷静下来了。他知道，晋国已经当了这么多年霸主，现在虽然因为刚刚换届，国内政治局面未稳，国际形象有滑坡的迹象，但实力并没有什么损失。真要跟晋国开打，秦国的胜算还不是很大。还要等待机会呀！

其实，秦康公手里也不是没有王牌。令狐之役后，之前奉命来迎接公子雍的先蔑、士会都逃到秦国来了。他们俩一个是晋国六卿中的下军将，一个是晋国的摄卿，深知晋国内情。如果秦康公任用他们，晋国就会有所顾虑。只是此时秦康公还没有进兵的打算。

赵盾铲除异己

赵盾虽然帮晋灵公除掉了潜在对手，但他自己的敌人似乎变得越来越多。开始，赵盾并不想使用铁血手段。狐射姑跟他唱反调，背着他召回公子乐，又派人刺杀阳处父，赵盾也只是对其罢官了事。狐射姑出逃后，赵盾还派人护送狐射姑的家人和财产到狄国。后来，先蔑受不了他的反复，跟士会一起逃到秦国，赵盾也没有伤害他们的家人。不过，铁血手段不是赵盾想不用就可以不用的。

狐射姑、士会、先蔑虽然都是晋国的重臣，但分属不同的派系。其中，狐射姑在跟赵盾闹翻之前，跟赵盾同属新人派。士会、先蔑则属于老臣派。他们的先后出奔为晋国政坛带来了浓重的阴影。

新人派还好一些，狐偃家族势力衰微，无力报复赵盾。新人派的其他成员，出身先轸家族的先克升任中军佐，贾佗为太师……可老臣派却越发不济。本来，老臣派在晋国六卿中的排名就靠后，下军将先蔑还出奔了。这使得老臣派在晋国的影响力急剧下降。

这时，年纪轻轻就身居高位的先克做了一件事，直接激化了国内各派之间的矛盾。晋灵公元年（前620），他以军事理由很不客气地抢走了大夫蒯得的封地堇阴。对，就是赵盾出兵大败公子雍之前的驻地。它是先克巧取豪夺的产物。蒯得当然很生气，很想报复，可惜自己实力不足。后来，他终于找到了同盟军，就是老臣派的箕郑父、先都、士谷、梁益耳等人。

这些人同样跟先克有过节。之前晋襄公还在世，就是因为先克一句话，断送了他们的大好前程，造成他们如今只能在年轻的赵盾麾下做事的窘境。要想恢复昔日的荣光，就必须推翻赵盾。当然，先克那个小人必须死！于是，一场席卷晋国政坛的大风暴就要来了。

晋灵公三年（前618），箕郑父、先都、士谷、梁益耳、蒯得发动了叛乱。他们先派人刺杀了先克。先克被杀触动了赵盾敏感的神经。他下令追查，结果发现箕郑父等五人竟然意图推翻自己，也就不再客气。这五人也是运气不佳，既然发动叛乱，就该做好准备。结果，赵盾只用了两个月时间就平定了这场叛乱，还先后处死了他们。这次事件在历史上被称为五将乱晋。

由于赵盾和晋灵公后来关系恶化，《东周列国志》为五将乱晋的结局提供了一个新的版本。在这个版本里，赵盾觉察了五个人的阴谋后，派荀林父等人将五人活捉，然后自己进宫禀告晋灵公。他告诉晋灵公，这几个人谋反，必须杀。晋灵公只是个小孩儿，就点头答应了。

两个人商量完事情，赵盾回府，晋灵公也回了后宫。太后穆嬴听说赵盾把箕郑父等五位大臣抓起来了，就问晋灵公赵盾打算怎么处置他们。晋灵公告诉母亲，相国（即赵盾）打算把他们都杀了。

穆嬴虽然是个女人，可玩政治却有一套，听儿子这么说，就知道赵盾是想把责任推给自己的儿子。赵盾铲除政敌，却让国君当冤大头、背黑锅。于是，她马上对晋灵公说："这是他们几个在闹矛盾，跟你没有一点关系。他们想杀，让他们杀去。况且，谋杀先克的人不过一两个吧？只要把主犯杀了就行，怎么能一口气杀五位大臣，也太多了吧？而且，你父亲刚去世，朝堂人才凋零，如果一下子就杀五位大臣，恐怕以后朝堂上就没有什么人了。这难道不是你该忧虑的事吗？"

晋灵公很听母亲的话，第二天上朝时就把昨天母亲的话复述给赵盾。赵盾一听，觉得太后多管闲事，就对晋灵公说："您还年轻，很多事都不明白。这几个家伙都不是好人，他们擅自杀死大臣，让晋国的根基动摇。如果不杀了他们，怎么能警惕那些想要颠覆您江山社稷的人呢？"

说完，赵盾也不再问晋灵公的意见，直接下令以欺君之罪处死五人。

虽然这个版本充满了戏说的成分，但晋国主少国疑的情况是客观存在的。赵盾虽然铲除异己，巩固了自己在国内的地位，但并不能阻止其他诸侯国对于晋国的觊觎。之前，曾在晋国手里吃过大亏的楚国、秦国都陆续出手。当然，同楚国试图跟晋国争夺霸主之位不同，秦国更多的是想出一口恶气。

两支秦赢的交锋

令狐之役失利后，秦康公一直死盯着晋国的动静，时刻准备起兵报仇。他和晋灵公同年继位，但晋灵公的运气却比他好得多，有赵盾等人保驾护航。不过，秦康公真的不甘心。

就在令狐之役的第二年，秦国主动进攻晋国，拿下了晋国的武城，算是报了令狐之役的一箭之仇。晋国当然不会白白吃亏，在解决五将乱晋之后，就出兵秦国，拿下了秦国的少梁。秦国也没有落败，拿下了晋国的崤山之地。

此次不分胜负的交火之后，直到秦康公六年（前615），秦、晋两国才有了再次交战的机会。为了在这次交战中占据主动，秦康公做了不少准备工作。结交鲁国就是其中之一。当然，秦国跟鲁国结交，并不是想让鲁国出兵，而是想获得舆论上的声援，至少是不声讨。

毕竟，鲁国是周公之后，是闻名各国的礼仪之邦。如果得到鲁国的认可，秦国以后在与东方诸侯打交道的时候就会受益良多，最起码不会被当作蛮夷看待。秦康公不是楚武王，不会公开大叫"我乃蛮夷"，所以他派西乞术去拜访鲁国的执政襄仲。

不过，开始的时候，襄仲对西乞术并不友好，还拒绝了西乞术送上的玉。其实，在襄仲看来，秦国和楚国没什么本质上的区别。如果一定要说有区别，就是楚国非常直接地宣称"我乃蛮夷"，秦国从来没有这样承认过。可不管承认不承认，鲁国还是把秦国当作"蛮夷"对待。

面对鲁国这种隐隐的敌意，西乞术当然清楚得很。但是，如果不拿下以礼仪之邦著称的鲁国，秦国就会在舆论方面处在下风。因此，虽然被拒绝，他还是没有气馁，反而用相当诚恳的语气说出了下面这番话："寡君愿徼福于周公、鲁公以事君，不腆先君之敝器，使下臣致诸执事以为瑞节，要结好命，所以藉寡君之命，结二国之好，是以敢致之。"

襄仲感动了，觉得秦国有西乞术这样的人才，一定不会是强盗国家，不仅收下了玉，还送给西乞术很多贵重的礼物。

襄仲为什么会感动呢？其实，在此之前，西乞术还杀气腾腾地表示，秦国要和晋国开战呢！原因就在于，西乞术戳中了襄仲的死穴。虽然国家综合实力远远不如鲁桓公、鲁庄公时期，但鲁国对于周礼的追求是一贯的。现在秦国使者熟练又诚恳地表明，秦国所做的一切都是按照周礼的规定，襄仲完全找不到反驳的理由。

不排除鲁国这位执政想"脚踏两只船"。之前，襄仲就曾经在晋、楚两大强国之间摇摆，还没让鲁国吃亏。

秦康公和西乞术可不管鲁国执政的想法，既然鲁国之行的目的已经达到，那就跟晋国开战吧。秦军开局不错，一下子就攻下了晋国的羁马。

赵盾下令发兵抵抗。部署如下：赵盾率中军，荀林父辅佐；郤缺率上军，臾骈辅佐；栾盾率下军，胥甲辅佐。

这次大战中，赵盾新提拔的臾骈表现出色。他知道现在秦军士气很高，不能跟他们直接硬拼，因此建议："秦军虽然来势很猛，但不能持久。咱们紧闭城门，做好防御，以逸待劳。过不了多长时间，他们就会自行撤退。"赵盾表示同意。

于是，秦军天天挑战，赵盾就是不理。秦康公也觉得很头痛。他问士会："咱们现在怎么办呢？"

士会原来是晋国的摄卿，对晋国的情况很熟悉，就回答："这肯定是臾骈的意思。他想让我军耗尽锐气和粮草。到了那时，咱们就不得不撤退了。不过，臣下有个办法，可以一试。赵盾有个堂弟叫赵穿，是晋襄公的女婿。他很受赵盾宠信，人又狂妄，军事能力不强，却爱抢风头。他对臾骈当上军佐这件事很不满，肯定天天在发牢骚。如果咱们派人袭击晋国的上军，赵穿一定会忍不住出兵。"

秦康公一听，觉得有理，马上同意了这个方案，派军队猛烈袭击晋国的上军。赵穿果然忍不住追了出来。不过，此时秦军早已跑得不知道去向，赵穿连敌人的样子都没看到。

于是，赵穿回来之后，大发脾气："咱们军人是干什么吃的？就是来打仗的。现在倒好，敌人都打到家门口来，咱们还不攻击，难道就天天这么等吗？"

手下军吏劝他："这样做是因为要有所图谋。"

赵穿大叫："别跟我说谋略。现在我决定要出战了。"说完，他就带着自己的部下向秦军发起了冲锋。

赵盾得到消息后，马上就知道，堂弟上了敌人的当，如果不赶快去救，后果会很严重，于是对大家说："要是赵穿被秦军抓住了，秦军就俘虏了咱们的一个正卿啊！这对他们来说是一个很大的胜利。我又该怎么办呢？"于是，赵盾下令晋军出战。

不过，交战没有持续很长时间，双方只短暂地接触了一下。秦康公知道这仗已经不宜打下去了，就派使者去见赵盾："今天双方都有所伤亡，不如明天再战。"

秦康公想用缓兵之计，可惜没选好使者。这名使者心理素质超级差，说话语无伦次，两只眼睛乱转。

臾骈一见，就猜到了真相，他对赵盾说："我刚才注意到，秦国使者眼神不安，声音颤抖，怕得要命。估计秦伯在布置撤军。咱们把他们再逼到黄河边上，等他们动身时，就可以打败他们了。"

谁一听到这个方案，都会说是好方案。赵盾也不例外，正准备按照臾骈的意见去做，没想到半路杀出了赵穿。赵穿一听到臾骈的话，就觉得恶心，跟胥甲一起站起来反对，而且反对得空前强硬，用身体挡在营门那里大叫："这是什么打法啊？咱们那么多死伤的兄弟，都丢下不管，算什么仁义之师？没有等到约定的时间就打人家，算什么威武之师？这仗坚决不能打。"

赵盾向来喜欢赵穿，想想还是算了，反正也灭不了秦国，就叫停了所有部署。半夜里，侦查员报告：秦军全部开溜！正好被臾骈说中。要是按臾骈的方案执行，晋国一定会取得胜利，战果还会相当辉煌。可惜，最后却坏在赵穿身上。当然，这会儿后悔也来不及了。

虽然暂时不能拿秦军出气，但赵穿必须处分。赵盾虽然很有原则，处理国事有板有眼，却不想处分赵穿。不过，他也知道，如果不做一下表面文章，无论如何是说不过去的。既然免不了要处罚赵穿，那就拖一下吧。这样一拖，就拖了好几年。

直到晋灵公十一年（前610），晋国跟郑国恢复正常邦交，赵盾才把赵穿派到郑国去当人质。大家都知道，人质是个很危险的职业，两国稍微有点不和谐，动刀动枪之前，第一个就是拿人质来折磨。不过，从晋国来的人质安全系数却高得很，因为没人敢随便得罪晋国。没过几年，赵穿又回到了晋国。

秦康公上了大当

秦康公撤军之后，觉得很不甘心，又带兵过去。他这次去打晋国，仍然让出奔秦国的晋国摄卿士会当向导。很快，秦军就在士会的带领下拿下了瑕地。

秦康公每天看着战报，心情爽得很，觉得自己真会用人，可他的远亲赵盾就不爽了。不爽有什么办法？没来由地把一个晋国的高级人才逼得远走秦国，现在这个人带着秦军杀回晋国，晋国怎么会不吃亏？不行，必须解决士会的事情。

于是，赵盾召集了会议，专门和其他五卿一起研究包括士会在内的晋国高级流亡人员问题。多数人认为，狐射姑犯的错比较大，士会是被迫逃往秦国的，可以把士会迎回晋国。既然要迎回士会，就要想个办法消除他对晋国的戒心。于是，魏寿余出场了。

魏寿余不仅是与秦国隔河相望的魏城城主，还是一名出色的演员。对于他的表演，《东周列国志》中有精彩的描写。

某天，魏寿余接到了命令，命令要求他带队管理黄河沿岸的边防。他一听就吓了一跳，马上请求："我虽然蒙国君大恩，担任大城魏城的城主，可从没打过仗啊，现在叫我去守边界，这不是开玩笑吗？再说，黄河延绵数百里，可以突破的地方很多，就算派兵驻守，也起不到什么作用啊！"

赵盾很生气："你一个小小的城主竟敢阻挠我的大计？限你三天之内

把方案交来，同时做好城防工作。否则，要你的脑袋。"

魏寿余知道赵盾的厉害，也不敢说话，带着一脸的郁闷回到了家里。他的老婆问他怎么回事，他就吐槽了赵盾，并吩咐准备车马，以便学习士会。这天晚上，本来就郁闷的魏寿余在家里喝闷酒，喝着喝着就开始吐槽饭不好吃，还把厨师叫来痛打了一顿。打完还不解气，还扬言要杀了这个厨师。

厨师虽然地位不高，但不表示他没有自尊心，魏寿余这么对他，他当然要出气。还好这位仁兄做饭的水平不低，记性也不错。他把魏寿余的话从头到尾复习了一遍，马上抓住几个关键词，然后打好腹稿，到赵盾那里打小报告，说魏寿余要投靠秦国。

赵盾一听，没有怠慢，立刻派韩厥过去，务必把魏寿余抓获归案。韩厥马上领兵到了魏城，抓住了魏寿余的家眷，没想到魏寿余却已经跑掉了。

魏寿余一口气跑到秦国，当面向秦康公表达了侍奉秦国的愿望。

秦康公开始有点不信，偷偷地问士会："你看他是真的来投降吗？"

士会说："晋国人大多很狡猾，不足为信。叫他拿出一点诚意来。"

魏寿余立马就把他的诚意掏了出来，并递给了秦康公："这是魏城的户口册子，还有魏城的城防地图。如果您能收留小臣，小臣愿献出自己的封地。"

秦康公仍然有点怀疑，又问士会："是不是要准许他投降？"

这时候，魏寿余急忙向士会使眼色，又偷偷地踩士会的脚。士会虽然出奔秦国，但心里还是惦记着晋国，看到魏寿余这样的表现，就领会了他的意思。于是，士会对秦康公说："魏城是河东一带最大的城池，要是归咱们所有，那以后咱们就有向东发展的跳板了。只怕魏城的官吏惧怕晋国的征讨，不敢来归降。"

魏寿余马上说："国君放心。那些官吏虽然名义上是晋国的臣子，实际上全是小臣的亲信，个个都听小臣的话。如果您能派一支部队驻扎在河西，作为声援，小臣进城去做他们的思想工作。不用一兵一卒，魏城就是您的了。"

秦康公这时对魏寿余已经没有一点怀疑了，想到这样就能得到一座城池，决定亲自出马。他们带着部队来到了指定地点，顺利安下营寨，派几个侦察兵过去看看。

侦察兵回来汇报："河东也有一支部队驻扎，不知什么情况。"

魏寿余说："一定是魏城的人看到咱们的大军来了，派兵防范。不过，他们只知道小臣逃走，并不知道小臣在秦军中。现在请您派一个熟知晋国国情的人跟小臣一块儿去魏城，一起去做说服工作，不愁魏城官吏不降。"

秦康公同意了魏寿余的方案，命士会一同前往。于是，士会就这样跟魏寿余回了晋国。

《东周列国志》的记载精彩，正史也同样精彩。

到了这时，士会已经知道，魏寿余是来忽悠秦康公的，目的就是要把自己迎回晋国。这么多年来，他虽然身在秦国，又几次带领秦军攻打晋国，但在他的内心深处，还是深深爱着晋国的。既然赵盾如此有诚意，他就跟魏寿余回去了。

士会很聪明，知道自己的家眷还在秦国，要是就这样跟魏寿余只身逃回晋国，秦康公生气起来，他们会有生命危险，就表现出一脸的不情愿："晋国人都是虎狼之士，如果他们违背承诺，不肯投降，小臣就会死在那里。万一您不知道这个情况，会认为小臣是反复无常之徒，就会杀死小臣的妻子儿女。这样一来，不仅对您毫无好处，就连小臣也要后悔。"

如果这时秦康公深入思考一下，就会有所醒悟，可他太相信士会了，也太想要魏城了，因此想也不想，就说："你尽管放心去。寡人相信你，你肯定会成功。即使发生了你所说的事，寡人也不会怪你。如果晋国真的不让你回来，寡人也会放过你的家人。"

有了秦康公的保证，士会毫无负担地跟魏寿余出发了。半路上，他们遇到了秦国大夫绕朝。绕朝送给士会一条马鞭，并对他说："您以为秦国没有人了吗？只不过国君恰好没有采用我的谋略罢了。"

虽然有绕朝带来的小插曲，但在随后的路途上，士会和魏寿余并没有遇到秦军的阻挡。他们很快就渡过了黄河。魏城人鼓噪了一阵，就回城了。

当然，现在最郁闷的是秦康公。他派士会去做策反工作后，就在等着好消息。可好消息左等也不来，右等也不来，秦康公实在着急，就派人过去看看情况怎么样了。侦察兵回来报告，河那边鼓噪一阵，就撤退了，然后就没有动静了。

秦康公这才知道，果然上了大当，但这个当是自己硬要去上的，一点不关人家的事，要生气也只能生自己的气。秦康公为人还算不错，生完气之后，还记得自己的诺言，他把士会的家小送回了晋国。那些不愿回去的，都改姓刘，继续留在秦国。

当然，秦康公的做法并不是窝囊，而是有着深远的考虑。秦康公知道，士会是个人才，赵盾下这么大力气把他挖回去，并不是要杀他，而是要重用他。所以，让士会对自己产生好感，对秦国是有好处的。而且，把士会的家人扣在秦国，除了让士会恨自己之外，没有别的用处，倒不如把他们送过去，自己还落个好名声。

举不起的霸主大旗

赵盾迎回了士会，效果立竿见影，秦、晋边界又安静了下来。这让赵盾觉得权力基础进一步稳固了。

解决了晋国内部的不稳定因素，赵盾开始考虑晋国的外交事务了。他比谁都记得清楚，晋国现在还拿着霸主的大印。如果不履行霸主的职责，这个大印就会变成橡皮图章。前些时候几个附庸国纷纷脱离晋国，果断跳槽楚国，就是明显的信号。赵盾决定重新履行霸主职责。

霸主有哪些职责呢？归纳起来有如下几条：

第一，尊王。用当时的话就是"明天子之禁"。意思就是，号召广大诸侯在霸主的带领之下，拥护周天子的统治，维护大周的天下。当然，解释权归属霸主。

第二，攘夷。夷就是周边的少数民族，包括蛮、狄、戎等部落。这些部落虽然貌似质朴，实则野心不小，天天想打到中原来。当然，如果他们只是让这个想法在心里酝酿，不付诸行动，那也没什么。可这些人不仅有想法，更有行动，他们大多数战斗力很强悍，打起仗来一点也不客气，使得很多与他们接壤的诸侯叫苦不迭。所以，齐桓公一当上霸主，就把"攘夷"当成霸主的主要责任来抓。那些小诸侯之所以愿意当霸主的跟班，很大程度上也是看在这两个字的面子上。

第三，禁抑篡弑。当时已经进入礼崩乐坏的时代，有点实力的诸侯都对霸主之位虎视眈眈，即便没有实力争夺霸主，国内的继承人大战也是此起彼伏。公子们个个觉得自己的能力大得很，自己的抱负大得要命，应该去表现自己的能力，实现自己的抱负。可大多数情况下，国君定下的继承人又不是他们。没有办法，只能用枪杆子说话。于是，在很长一段时间内，政变成了诸侯国内最流行的事。齐桓公当了霸主后，决定把这个歪风扭转过来。只是他没有想到，虽然他平息了别国的几次政变，可最后他的五个儿子却争得比谁的规模都大。这一条对霸主很有好处，可以牢牢地把干涉他国内政的权力拿在手中。

第四，裁制兼并。那时，诸侯们已经摒弃了周初分封时定下的那套规章制度，凭借手中的实力，到处奉行并购政策，强迫周边的小国宣布破产，然后自己去全面收编。齐桓公称霸之后，宣布这种兼并行为是可耻的行为，必须坚决制止。以后谁敢再犯，就全体诸侯共诛之。

当然，在实际执行中，也是看人下菜碟的。如果是郑国之类的小国，跟哪个诸侯发生了边境摩擦，就会有诸侯联军开过去，猛扁"无礼"的一方一通；如果是楚、秦之类的国家兼并了哪个小国，很多时候只是声讨一下，也就没有下文了。

赵盾把这些章程拿过来复习了一下，然后又把当时的形势拿过来比照，发现齐国和鲁国这段时间先后发生过弑君事件，正好他可以出面去主持一下公道，以复兴晋国的霸主事业。哪知他才在扈地举行诸侯会盟，准备出兵齐国，晋国内部就先出了不和谐的声音，而且这个声音的来源很不一般，竟然是晋灵公。这是怎么回事呢？

齐国发生了杀人案，死的是他们国君的继承人。凶手属于弑君夺位行为。赵盾正在组织诸侯联军向齐国开拔。哪知齐国的政变者却狡猾得很，派人带着丰厚的礼物偷偷送给晋灵公，请晋灵公叫停赵盾的行动。晋灵公一看齐国送来的礼物动了心，马上派人去通知赵盾停止行动。赵盾没有办法，只好停下。

很快齐国因为贿赂晋侯而避免刀兵之灾的事情就传开了。虽然齐国送的是重礼，但晋国的财力并没有增加多少，社会影响力反而呈现断崖式下降。即便赵盾表示下不为例，可真的能下不为例么？很难吧。不久，鲁国也爆发了继承人被杀事件，晋国也因为这件事再次被推到了风口浪尖。

鲁国大臣东门遂和叔得臣杀死了鲁文公的合法继承人公子恶，拥立鲁文公的另一个儿子公子俀为国君，即后来的鲁宣公。有人提醒东门遂，你这么干，晋国会找你麻烦。东门遂根本不在乎，之前齐国就因为贿赂晋侯免除了兵灾，到时候自己照样画葫芦就是。

赵盾本来这次要用鲁国的事情来立威，哪知他把前期工作做得差不多了，东门遂向齐国学习，一份厚礼又把晋灵公搞定了。赵盾如此高调地举起霸主的旗帜，又不得不收了起来，最后只得到了一笔可观的钱财，霸业资本又跌了几个百分点。这样一来，晋灵公居然成了霸主事业最大的障碍，这让赵盾郁闷得要命。

赵盾弑晋灵公

其实，不光赵盾看晋灵公郁闷，晋灵公看赵盾也很郁闷。晋灵公少年继位，在继位的很长一段时间内，都没有能力自己处理政事，只能靠赵盾。直到晋灵公十四年（前607），史料才出现了"灵公壮"的记载。于是，赵盾就免不了经常对晋灵公语重心长。

晋灵公和很多跟他年龄差不多的中学生一样，最烦老师和家长的这种

"语重心长"。因此，每次一见赵盾，心里就郁闷，就想躲着。但在晋国，你可以躲过任何人，能躲得开赵盾吗？很难。所以，晋灵公很生赵盾的气。一生赵盾的气，他就决定，赵盾越不让他做什么，他就越要做什么。

年轻的晋灵公喜欢过奢侈的生活。他聚敛了很多钱财，把墙壁装饰得特别华美。他还常常在高台上，拿着弹弓往台下射，就为了看底下那些人怎么躲闪。从下面路过的人猝不及防，常会被从天而降的弹丸射中，但一看玩弹弓的人是国君，也都敢怒不敢言。

其实，如果只是喜欢恶作剧，可能晋灵公长大一些就会不那么在意了。毕竟，一般情况下成年人是很少恶作剧的。遗憾的是，这位年轻的君主骨子里却带着一丝恶毒。

某天，正在朝堂处理政事的赵盾和士会发现了一件事。几名宫女抬着一只箩筐出来，箩筐上面还露出一只手。他们以为晋灵公又玩了什么新鲜的花招，就过去看，结果两个人吓了一跳。原来箩筐里竟然有个死人。于是他们就问是怎么回事。宫女告诉他们，厨师做熊掌的时候没有做熟，国君一怒之下就杀了他。

两人一听气得要命，赵盾就想直接过去教育晋灵公。士会说："还是我先过去吧。如果国君不接受，您再去吧。"

哪知晋灵公这会儿却机灵得很，一看到士会进来，就知道"语重心长"又来了。没等士会开口，他就先做了个深刻的检讨："寡人知道做错了。从现在开始，寡人要好好反省，坚决不再犯了。"

士会一听，国君都这样说了，就不要再严肃地教育他了，只说了一句"人谁无过？过而能改，善莫大焉"，然后告辞出来，把情况跟赵盾讲了。赵盾却不信晋灵公能有这样的觉悟。果然，晋灵公丝毫没有悔改的意思。

赵盾很生气，很严厉地批评了晋灵公。这下子，晋灵公受不了了，竟然派人去刺杀赵盾。

晋灵公派去的刺客叫钼麑，是晋国有名的大力士，他接受了任务之后，迅速赶到了赵盾家。当时，时间还早，赵盾已经穿好朝服，坐在那里打盹。这对钼麑来说简直是一个再好不过的机会，只要冲进去，大刀一挥，就可以顺利完成任务，一点难度都没有，可钼麑迟疑了。他认为赵盾是个不该杀的人。

随后，他又想起自己的使命，到底怎么办才好呢？如果杀了赵盾，晋国人民就会过上困苦的生活；如果不杀赵盾，就是抗命。权衡之下，钼麑选择了撞向赵家门前的大槐树。

赵盾遇见一名有情有义的刺客，逃过一死。晋灵公却不死心。同年九月，他又设下了圈套。某天，晋灵公请赵盾喝酒。不过，他并没有选择在酒里下毒，而是在宴会现场周围埋伏了很多武士。只等把赵盾灌醉，然后大家从后面冲上来乱刀砍死这个"烦人鬼"。

赵盾看到晋灵公主动请他，还以为国君终于意识到以前有点胡闹，想跟自己好好聊一聊，因此很高兴，按时来到宫里赴宴，丝毫没有留意到宫里不寻常的动静。不过，赵盾没留意，不等于别人也没留意。他的车右提弥明却发现情况不妙，宫里某个角落竟然埋伏着拿刀的武士，绝对是想对大人赵盾不利。

他马上跑过去，十分不礼貌地对赵盾说："大人啊，臣下跟国君喝酒是有分寸的。您现在已经突破了做臣下的底线，再喝下去就不合乎礼法了。"他一边说着，一边拉起赵盾。

赵盾本来就不是菜鸟，再加上晋灵公有派人刺杀他的前科，一听到提弥明的话，马上就醒悟了：原来国君要在这里杀死自己，就跟着提弥明跑了出来。晋灵公看到计划又要泡汤，忙叫旁边的人放出大狗去咬赵盾。

提弥明一看，赵盾有危险，急忙上前杀死了大狗。赵盾很生气："用狗不用人，就算凶猛又有什么用？"当然，现在不是生气的时候，还是逃命要紧。于是，赵盾和提弥明一边战斗一边撤退。

提弥明虽然武力指数不低，但晋灵公出动的武士太多，很快他就战死了。晋灵公一看哈哈大笑："赵盾，看你这次往哪儿跑。"随后就下令，速速杀死赵盾。于是，武士们围住了赵盾。

正在这时，武士群里冲出来一个人。这个人冲到赵盾面前时，突然用手中的戟扎向了自己的同伴。那几个武士本来是想杀死赵盾，立下大功，结果做梦都想不到被自己人杀了。到底是怎么回事啊？这个人疯了吗？怎么杀起自己人来了？没等这些人反应过来，这个人就带着赵盾突出了重围。

这下子，武士们清醒了，赵盾被人救走了。可他为什么要救赵盾啊？跟他同事这么多年，从没听他说过跟赵盾有什么关系。赵盾也不知道，就问这个人为什么救他。

这个人告诉赵盾："我是为了报答您。我就是当年翳桑那个饿得快死的人啊！"

原来，几年前，赵盾到首阳山打猎，住在翳桑，看到路边有一个大汉倒在路边，就好心地问他得了什么病。

大汉说："我已经几天没有吃饭了。"

赵盾马上命人给他端来了饭。

大汉吃饭之后，果然马上好了起来。不过，他只吃了一半，把另一半包了起来。赵盾问他为什么要包起来。他告诉赵盾，自己离开家已经三年了，不知道母亲怎么样了，想回家看看，可不久就饿倒在这里。他想把一半饭留着，拿回去给母亲吃。

赵盾见大汉人品不错，就又给了大汉一些干粮和钱。当时，他连大汉叫什么名字也没问，但大汉记住了他。这个大汉就是灵辄。

灵辄后来又离家，这次他进了晋灵公的警卫团。他牢牢记着赵盾的恩情，因此他这次拼死救了赵盾。赵盾很感动，就问灵辄的名字和住所。灵辄没有告知，他把赵盾带到安全地带，就离开了。

赵盾脱险之后，突然想起，自己这么跟国君对着干，跟造反有什么区别？人家追究起来，他还有活路吗？于是，赵盾决定出奔。赵盾跑了，赵穿却不干了。就在之后的某一天，他带兵冲进了桃园，杀死了正在里面休息的晋灵公。

说起来，晋灵公只是一个任性的人，伏击赵盾不成功之后，居然也没有再追击下去，也没有对赵氏家族斩草除根，仍然放心大胆地游玩，结果被赵穿轻而易举地袭杀。

晋灵公死后，赵穿马上派人去请赵盾回来。这时，赵盾还没有离开晋国的国境。他一听说晋灵公死了，就马上返回了绛都，并派赵穿把公子黑臀请回来当国君。黑臀就是晋成公。

晋成公继位，赵盾没有了性命之忧，却有了弑君的名声。这是怎么回事呢？原来那时每个国家都设有太史。太史的工作就是每天帮国家做日记，把发生的大大小小的事都记录下来，以备查询。太史董狐在记载晋灵公之死的时候，写了一句话——"赵盾弑其君"。不仅如此，他还把这个记录在朝堂上展示。赵盾一下子就急了，连忙为自己辩解："董大人，事情不是这样的。"

董狐说："您是晋国的执政，国家大事是您说了算的。虽然当时您在逃跑，大家也知道您在逃跑，可您并没有宣布放弃权力，也没有跑出国境，所以大权仍然在您手里。回来之后，您又没有处理凶手。这说明，您是支持凶手刺杀灵公的。所以，我这样写根本没有错。"

赵盾很无奈，但也没有办法。于是，晋国历史上就留下了赵盾弑君的记载。

赵盾的功过是非

赵盾运气很好，晋国发生内乱，无论是秦国，还是楚国，都没有来插上一脚。晋成公六年（前601），赵盾去世。

赵盾总共在晋国当了二十多年的执政大臣。他在这二十多年间，主要做了两件事：一是恢复晋国的霸主地位，二是培植赵家的势力，让晋国继续成为赵家的天下。

第一件事，开始时做得极不顺利，主要问题来自晋灵公的干扰。后来，赵穿刺杀了晋灵公，赵盾又拥立了晋成公。这样，内部的干扰倒是没有了，可国际局势又发生了变化。

秦国在与晋国的长期斗争中意识到，光靠自己的实力跟晋国死磕，是不会有什么结果的，因此必须跟其他诸侯联合起来，才能打垮晋国。秦国先跟鲁国取得了联系。不过，跟鲁国相安无事，只能保证在舆论上少受冲击。让鲁国联合出兵，那是万万不可能的。

秦国没有办法，把中原诸侯分析了一下，结果发现，能跟晋国一战的国家几乎没有。齐国虽然是曾经的霸主之国，但几场内乱过后，只剩下自保的能力，根本不可能再去折腾。再说，还有相当一部分诸侯，尽管实力跟秦国差得远，仍然看不起秦国，认为这就是个蛮夷组成的国家。

秦国的高层知道，跟他们没有共同语言。现在跟秦国有共同语言的看来只有楚国了。从秦穆公开始，秦国就已经开始着手建设与楚国的外交关系。只不过那时是楚成王在位，他更想打败晋国，自行称霸，对秦国的橄榄枝没有兴趣。直到秦康公十年（前611），秦楚关系才开始走向正常化。双方联手消灭了庸国，实现了强强联合。

除了秦国，一直对晋国虎视眈眈的还有楚国。赵盾虽然历经万难，彻底统一了内部思想，但就在这个时候，更加有水平、有能力、有野心的楚庄王出现了。楚庄王是宣布晋国霸主地位直接归零的历史人物。

处于这样的国际环境中，赵盾即便能力再突出，也很难有什么作为了。在他执政期间，晋国虽然勉强维持着霸主地位，但这个地位却是摇晃的，不再具有权威性了。

第二件事，在培养赵家后代这件事上，赵盾做得也很失败，远远不如他父亲那么成功。

赵衰去世的时候，赵盾继承了父亲执政大夫的职位。父亲积累下来的人情让赵盾的仕途几乎一帆风顺。年纪轻轻的他就在先克、阳处父的力挺下先后成为中军佐、中军将。成为中军将之后，赵盾更成为晋国历史上第一位执政大臣。

可到他的时候就不同了。虽然儿子赵朔很早就被他安排在军中，可直到他去世的时候，赵朔还没进入六卿的行列，而执政大夫的位子也被赵盾给了弟弟赵括。这也就决定了赵朔即便成了军中职位最高的中军将，也不可能拥有父亲赵盾生前的权位。

赵盾去世，按照惯例，接替赵盾的是排名第二的中军佐荀林父。但赵盾生前就考虑到，荀林父是个老实人，虽然经验丰富，但能力稍差，郤缺就灵活多了，而且对他很忠心，让郤缺来执政，郤缺会照顾他的儿子。后来，郤缺果然以胥克身体有病为名让赵朔当上了下军佐。

晋景公三年（前 597），赵朔升任下军将。不过，同样在这一年，大夫屠岸贾以为晋灵公报仇为名，杀死了赵朔和他的叔叔赵同、赵括、赵婴齐，灭了赵氏一族。赵氏暂时陷入了低谷。

第八章

楚庄王扛起霸主大旗

楚成王之死

就在晋国不断衰落之时，有一个人却大步走向历史的前台，他就是楚庄王。

说起来，楚国的争霸思想是春秋诸霸中最悠久的。楚国老早就宣布脱离周朝的管理，宣称自己是蛮夷，为自己不断搞事确立了一个坚硬的理论基础。而且开始时，楚国也屡屡得手，降服了周围的很多小国，并准备把触角深入中原地区。

遗憾的是，就在这时，齐桓公和管仲这对黄金搭档出现了。这对黄金搭档把维护中原民族的权益放在他们事业的第一位，先是打垮了北方的戎人，让燕国强大起来，成为北方最有力的屏障，又联合其他诸侯跟楚国进行对抗赛。这些对抗赛看起来不分输赢，但对楚国而言都不是好事。因为有齐国的阻拦，楚国向中原发展的步子终于停了下来。

之后齐桓公去世，齐国发生内乱，地位一落千丈，连自己国内的事都解决不了，楚国认为属于自己的时代终于来了，其高调宣布进军中原，并出兵跟齐桓公指定的霸主监护人宋襄公对抗。结果，楚军大胜，宋襄公因伤势过重很快去世。楚国高层那时感觉很爽，准备再接再厉。可偏偏在这时，晋文公又出现了。

晋文公虽然流亡半生，却表现出比齐桓公更强势的霸主作风，不但敢于跟楚国对打，而且在城濮大败楚国，连楚国头号战将子玉也不得不自杀谢罪，这直接使风头正盛的楚国进入了蛰伏的状态。

面对始料未及的失败，楚成王并没有太放在心上。他很清楚，晋文公登上君位的时候都已经六十多岁了，还能折腾几年？等那个老头子死了，还不是自己的天下？

楚成王这样想对不对？有一定的道理。年轻就是资本，可惜他的儿子却不愿意等了。楚成王是楚文王和息夫人的小儿子，少年继位。晋文公称霸时，他已在位四十多年，但仍然比晋文公年轻。平心而论，楚成王是一位有作为的君主，可惜没有处理好继承人问题。

开始，楚成王决定按照惯例让长子商臣成为太子。于是，他就叫来令尹子上，咨询子上的意见。没想到子上坚决反对。楚成王感到很奇怪，就问子上为什么。

子上不慌不忙说出了两条理由：

第一，国君的小妾太多，儿子也不少，说不定以后还会有一些。万一国君中途改变主意，不中意商臣了，会给楚国带来祸患。

第二，商臣长得太凶残，这种相貌有弑杀国君的可能。

楚成王不听，还是让商臣当了太子。可没多久，他果然像子上说的那样，觉得公子职更合他的心意，又决定让公子职当太子。

太子商臣的情报网很厉害，他很快就知道了这个消息。商臣很害怕，连忙把老师潘崇请来商量。潘崇不慌不忙地支招：请江芈吃顿饭就可以弄清楚国君的意思了。

江芈是谁呢？有人认为，她是楚成王的爱妾。有人认为，她是楚成王的妹妹。不过，不管是爱妾，还是妹妹，总之江芈跟楚成王关系密切，知道楚成王的很多想法和机密。所以，跟江芈近距离接触，肯定能了解楚成王的动向。

此外，潘老师还特别叮嘱商臣：光请吃饭还不行，还得在饭桌上对她不客气，看她反应如何。如果她一点脾气也没有，那说明换太子的消息就是胡扯；如果她生气，那说明消息就是真的。商臣马上依计而行，请江芈来吃饭，并按照潘老师的意思狠狠得罪了她。

江芈什么反应呢？她气得要命，大骂商臣："你太过分了，难怪国君要废掉你，立公子职为太子。"

商臣当然不会坐以待毙，马上就向潘老师求教。

潘崇很冷静，一点不着急，问商臣："你想想，能不能当公子职的臣下？"

"不能！"

"能不能逃到国外去？"

"不能！"

"能不能把他们除掉？"

"能！"

既然如此，那还犹豫什么？动手就是。

楚成王一点都不知道，在一个阴暗的角落里，他的儿子和家庭教师正密谋要他的脑袋呢！他还在叫厨师帮他炖熊掌。

楚成王虽然想废了商臣的太子之位，却对商臣没有一点防备之心。而不防备的结果就是商臣的行动出奇地顺利。商臣只带着太子宫的警卫团就围住了楚成王。

楚成王一看见商臣，就明白子上说得一点不错。他知道，让儿子放过自己是根本不可能的，因此只提了一个请求：吃完熊掌再死。

这个要求过分吧？一点不过分，有时就是敌人都能满足。但商臣说不行。楚成王含恨瞪了儿子一眼，自杀了。楚成王一死，商臣马上宣布就任楚王，他就是楚穆王。

楚穆王一上台，马上改变了楚成王的现行政策，趁着晋国内部不稳的时候，向周边的诸侯派出军队，谁不服就打谁。那几个跟班专业户看到晋国已经疲软下去，根本没有能力保护自己，就纷纷转到楚国的旗下。遗憾的是，楚穆王没能继续他对霸业的追求，很快就去世了。

楚穆王死后，他的儿子继承了王位，这位新任楚王就是历史上赫赫有名的楚庄王。

楚庄王一鸣惊人

楚庄王刚当上国君时，并没有显示出卓越的领导才能，倒是对享乐很感兴趣，什么事情都不管。一晃三年过去了，楚庄王依然没有要刹车的迹象。这可愁坏了对他寄予厚望的臣子们。

于是，几位有责任心的大臣就对他进行了规劝，具体意思不外乎"大王啊，先王经过努力差一点儿就把霸主的位子弄到手了，没想到被晋国钻了空子，您得继续加油啊，要是照现在这样下去，楚国就会有危险了……"

　　楚庄王一听，感觉他们很烦，就出台了一个政策。大家一看，都倒抽了一口冷气。大王的政策很简单，就一行字——"有敢谏者死无赦"。原来大王嫌弃他们多嘴。于是，群臣忍着心中的不满闭嘴了。

　　在其他人都吓得处于无语状态时，伍举受不了了。有什么好怕的，大不了就是被砍头。不行，就算被砍头，也要冒死进谏。于是，伍举下定决心，直接进入后宫，求见楚庄王。

　　楚庄王前段时间刚选了两个美女，一个是郑姬，一个是越女，当时正跟她们玩得开心。这时，伍举来了。

　　伍举一来，并没有直接批评国君不务正业，而是请国君帮他一个小忙。他对楚庄王说："小臣刚刚得到一个谜语，却解不开，想请大王看看。"

　　楚庄王一听，顿时来了兴致，就问："什么谜语？"

　　伍举说："这个谜语很简单，只有几句：有鸟在于阜，三年不飞不鸣，是何鸟也？"

　　楚庄王一听，脸色当场严肃起来："三年不飞，飞将冲天；三年不鸣，鸣将惊人。"

　　伍举一听，再看看大王的脸，突然发现，原来大王是有想法的啊！

　　楚庄王当然有想法，而且他的想法比父亲楚穆王还要多。他刚当上国君时就发现，自己虽然名义上是楚王，但实际上就是个傀儡。楚庄王那时还不到二十岁，大家都不把他放在眼里。他们害怕的是楚国朝堂上的那四个人。

　　那四个人还分成两派：一派是楚穆王留下的政治遗产，属于老臣派，代表人物是令尹子孔和太师潘崇。子孔出身若敖氏。若敖氏也是楚国王室一支，这个家族一直垄断着楚国令尹的位子。潘崇是楚穆王的老师，楚穆王对他言听计从。另一派是少壮派，主要代表是楚庄王的两位老师公子燮和子仪。

论起实力，老臣派手中掌握着整个楚国的政治和军事大权，少壮派只是一群经常出镜的愤青，但他们不甘心，他们手中唯一的资源就是国君这块招牌。

楚庄王一看这个局面，就知道，如果自己出头，肯定会成为党争的牺牲品。在楚国，换个国君并不是什么难事。于是，楚庄王一开始就制定了个装傻政策。而且，为了让效果更加逼真，楚庄王还天天沉迷于酒色，做出一副不耐烦的样子。其实，他就是要在"你们不要烦我"的这段时间里，等待时机。等这两派人斗得你死我活的时候，再来收拾局面。机会很快就来了。

就在楚庄王继位的第一年，晋国又组织了一支诸侯联军，要跟楚国对抗。楚国周边的传统势力范围内还有一群小国，历史上把它们统称为"群舒"。群舒实力不强，只好做墙头草。这时，晋国一发出号召，群舒马上就在楚国旁边做起了小动作。

如果只是群舒中的某一个出现动摇的情况，问题并不严重，可是群舒都跟楚国捣乱，那对楚国来说，打击就相当沉重了。于是，子孔和潘崇就带着大军去讨伐群舒，公子燮和子仪留守国内。

少壮派一见老臣派出征，心情大好，这样一来，楚国的大权就会落在自己这方手里。不过，他们很快就被拉回了现实。虽然现在郢都由他们控制，但军队全让子孔等人带走了。子孔等人要是打回来，自己这方还不是一样完蛋？因此，少壮派全体动员，加固郢都的城墙，准备跟老臣派对着干。

　　不过，子孔和潘崇都是先王时代的老臣，谁知道郢都有没有他们的内线。不行，做事必须要稳妥。于是，公子燮和子仪又派刺客去刺杀子孔。计划不错，可惜没有成功，反而使自己的行动露出了破绽。

　　苦等好消息的公子燮和子仪知道刺客没有完成任务，脸都发青了。这两个人虽然有做事的胆子，却没有做事的本领。刺杀行动一失败，他们立刻陷入了绝望之中。绝望之后，两人的第一个反应就是逃跑。他们知道，要是自己逃跑，就会陷入被动，恐怕没跑几步就会被人家抓住。因此，他们决定把他们的学生楚庄王也带上。

　　这两个人真的很天真，他们以为有大王在手，就可以号令全楚国。哪知大家根本就不吃他们这一套。公子燮和子仪挟持楚庄王出逃后，庐戢梨与叔麇立马举兵讨伐他们。最后，公子燮和子仪被庐戢梨与叔麇诱杀，"二子之乱"平定。

　　按理说，到了这时，楚庄王完全可以站出来，让酒色告一段落，正常上班办公了。可他仍然没有站出来。因为子孔和潘崇的权力仍然太大。要推翻大权在握的老臣派，没有几个亲信能行吗？当然不行。现在虽然群臣在朝，但真的说不准谁才是真心为自己着想的。万一找错了人，自己岂不是王位不保？直到伍举挺身而出，楚庄王才终于看到了希望的曙光。

　　伍举一听大王保证要痛改前非，专心国事，信心满满地退了出来。他以为，很快大王就会宣布新的计划，比如如何把楚国建设成一个强大的霸主之国。可等来等去，大王的新政没宣布，大王对酒色更加上心的消息倒是满天飞。伍举很无奈。

　　这时，大夫苏从忍不住了，又跑进宫去，准备向楚庄王进谏。哪知他还没有开口，楚庄王却先大喝一声："你难道没有听说过寡人颁布的命令吗？"

苏从说："小臣知道，小臣讲完之后，就会被大王杀掉。但如果能让您觉悟，小臣就是死也值了。"他的原话是："杀身以明君，臣之原也。"

楚庄王一听，又来了一个亲信，是时候开始行动了。他当场宣布，从今天起改过自新，还把伍举和苏从提拔进决策层，命他们制定楚国所有的方针政策。

秦楚联合灭庸

就在楚庄王决定重整楚国的时候，正好秦国也向楚国表达了联合的良好愿望，楚庄王当然很高兴地接受了。

这种联合对楚国只有好处没有坏处。现在楚庄王及他的亲信们的目标是打败晋国，把霸主的大旗拿到手。如果再拒绝跟秦国建立友好关系，让秦、晋又联合起来，楚国能打得过秦、晋两国吗？于是，秦、楚两国迅速进行了一次联合行动，与巴族一起，把庸国搞定。

与庸国之战本来并没有在楚庄王的计划之内。当时楚国发生了百年不遇的大灾，全国陷入了严重的饥荒。戎人看到楚国的惨状，觉得楚国国力肯定跌到探底的程度了，就组织军队攻打楚国。戎人一路上都很顺利，没几天就打到了阜山，并把军队驻扎在大林，随后又进攻阳丘，入侵訾枝。与此同时，庸国率领群蛮部落叛楚。统帅百濮的麇国也表现出了伐楚的意向。一时间，楚国的形势变得万分危急。

当然，如果是往日，楚国只需要随便派一支军队，就可以把这些捣乱分子收拾了。可现在军队口粮问题都不能解决，还谈什么打仗？于是，楚庄王想迁都阪高，以避开锋芒。

芬贾说："不能跑。咱们能去，敌人也能去，不如讨伐庸国。现在就连麇国和百濮都在打咱们的主意，如果他们看到咱们还能进军，肯定就不敢出来制造麻烦了。"

楚庄王一听，觉得很有道理，就打消了迁都的念头，命楚军打起精神应战。结果，十五天后，百濮就退回去了。接下来的目标就是庸国了。为了消灭庸国，楚国派使者去联络秦国。秦国一看楚国主动伸出了橄榄枝，马上就答应了。

楚庄王知道，与庸国这一战打的不光是歼灭战，更是政治战，要一边战斗，一边收拢民心。现在楚国百姓都处于饥饿当中，只有拿出粮食来，才能赢得民心。因此，他在向庸国进军的途中，每到一个地方都下令打开仓库，把粮食发给百姓。没多久，楚军就到了句澨，再向前走就是庸国的地盘了。

本来，大家觉得庸国国小力弱，肯定很好拿下。没想到庸国虽然叫庸国，但战斗力一点都不平庸，反而很强悍。楚军的前线指挥官庐戢梨带着军队向庸国的方城发起猛攻。哪知庸军看到敌人冲上来，并没有在城里消极防御，而是主动冲出城外，勇敢地和楚军正面作战。最后，庸军打退了楚军的进攻，还抓住了楚军的高级将领扬子窗。

扬子窗倒是条好汉，被关了三个晚上之后，居然越狱成功，顺便还在方城里做了一次全面的侦查。他向楚庄王汇报："敌人数量真多！咱们得再增兵才行啊！"

师叔表示反对，他的理由是："庸军战斗力强悍，跟他们硬碰硬，肯定是不行的。他们胜了一场，现在肯定很骄傲。咱们就再让他们胜一场，让他们更加骄傲一些。这样一来，他们会以为咱们已经彻底丧失战斗力了。到了那时，咱们再突然出击，他们一定会完蛋。"

楚庄王一听，师叔的话很有道理，就批准按照师叔的意见去做。随后，楚军接连跟庸军打了七场，每场都大败而归。于是，整个庸国上下都沉浸在骄傲的情绪之中，防备也随之松懈了。

这时，秦国和巴族的军队也已经赶来了。楚庄王宣布总攻时机已到。他把楚军分成两支：一支由子越带领，从石溪出发；另一支由子贝带领，从仞出发，跟秦、巴友军一起，向庸国发起最后的攻击。那些蛮族一看这个阵势，马上抛弃了他们的盟主庸国，转而奉楚国为盟主。就这样，庸国在楚、秦、巴的夹攻下最终走向了灭亡。

楚庄王问鼎中原

攻灭庸国之后，楚庄王又把目光投向了中原。三年后，他选择了拿宋国开刀，大败宋国。此时，楚庄王已经明白了一个道理。他的先祖们虽然世代努力，想到中原当霸主，而且楚国的国力也不比齐国和晋国弱，可折腾到现在，冲击霸主事业的脚步还停滞不前，主要原因是那句"我，蛮夷也"在作怪。

自己都把自己当作另类，怎么能让别人认同你呢？如果再坚持先祖们的蛮干传统，不做一点改变，到头来只能被抵制，根本不可能有成为霸主的希望。因此，要想到中原去大显身手，就必须在思想和政治上与中原接轨。这样，中原诸侯才会接受楚国。于是，楚庄王认为，要想称霸，就必须先学好中原的礼仪和政治。

当然，任何事情都是说起来容易，做起来难。况且楚庄王习惯了自己楚国国君的身份，身上的习气一下子很难改掉。在打败宋国向中原诸侯显示了强悍的军事实力后，楚庄王又决定出兵收拾一下陆浑的戎人。

这伙戎人不在楚国境内，但他仍然要打。因为戎人是最让中原诸侯头痛的部落，虽然他们实力参差不齐，却跟电脑病毒一样，时不时就会骚扰接壤的诸侯国，让人很不爽。可是中原的诸侯们又没有彻底清除这些"病毒"的能力。而霸主的主要责任就是为其他诸侯搞定戎人。

当年齐桓公顺利当上霸主，大家都追随齐国，最主要的原因就是齐桓公狠狠地收拾了戎人，保住了中原一带的安定。晋文公当上霸主后，也多次打败戎、狄，还彻底消灭了狄国，使戎人在中原销声匿迹。现在中原一带的戎人已经不具备什么威胁性了，但楚庄王认为，要取得中原诸侯的信任，就得去攻打戎人。也就是说，楚庄王是为了政治需要，才去攻打陆浑的戎人的。

打败陆浑的戎人之后，楚庄王觉得应该晒一下自己的成绩，刷一下存在感。于是，他决定专门去洛邑拜访周天子。这时，在位的是周定王。为了表示礼貌，周定王派王孙满为使者前来慰问楚庄王——打败了经常给周王室制造麻烦的戎人，周天子当然得出面招待一下他。在王孙满发表了一通代表大周向楚庄王表示亲切慰问的套话之后，楚庄王哈哈大笑，问王孙满："听说洛邑城里有九鼎，不知道它们的实际重量有多少啊？"

王孙满马上对楚庄王进行了驳斥，虽然话说得很客气，但核心意思就一个——这个东西你是没有资格过问的。楚庄王这才知道，自己亢奋得有点过头了，这么赤裸裸地问九鼎的重量，又把自己不熟悉中原文化的那一面表现出来，只得悻悻地回去了。

楚庄王觉得自己只是丢了一点面子，历史却牢牢记住了这一幕。楚庄王的这次小白行为在历史上被称为"问鼎中原"。

平定若敖氏之乱

就在闹出"问鼎中原"笑话的次年，楚国发生了内乱。令尹子越举起了造反的大旗，准备推翻楚庄王。这是怎么回事呢？这一切都跟楚国王室和若敖氏之间的矛盾有关。

子越并非无名之辈，他是楚国若敖氏的族长，也就是子孔家族的代言人。若敖氏现在听起来陌生得很，可当时在楚国却是一个响当当的家族。楚国建国初期，国君并没有谥号。直到熊仪当上国君之后，才以若敖为号。他的儿子斗伯就用父亲的号当了他们一族的姓。若敖氏虽然当不了楚王，却得了个特权，就是世代担任楚国的令尹。

楚庄王亲政之后，为了改变大权掌握在若敖氏手里的现状，不断切割他们手里的权力。若敖氏当然很生气。尽管当时，若敖氏的子杨、子越两人分别担任了令尹和司马，仍主宰楚国军政大权。

子越是个很有野心的人。他的伯父令尹子文老早就劝子越的父亲："必杀之。是子也，熊虎之状，而豺狼之声，弗杀，必灭若敖氏矣。"意思是说，子越将来肯定会闹出大乱来，导致若敖氏灭族。可子越的父亲不同意。后来，子文临死时，还对子越说："如果不赶快逃跑，你就会完蛋。"接着，子文大哭起来："鬼犹求食，若敖氏之鬼，不其馁而？"意思是说，不久的将来，若敖氏会因为子越这个家伙而被灭族。没有了子孙后代，谁来祭祀他们？

但子越不信邪，觉得伯父危言耸听。如果自己真的会让若敖氏灭族，怎么可能那么快就当上司马？司马就相当于楚国全国武装的总司令。兵权都掌握在老子的手中，老子还怕谁？

楚庄王对若敖氏早就看不顺眼，结束三年的蛰伏之后，就让几个亲信分了若敖氏的权。后来，芴贾又陷害子杨，让楚庄王找到借口，名正言顺地杀了子杨。不过，楚庄王当时没有力量将若敖氏拔除，而是任命了若敖氏的子越为令尹。但与此同时，陷害子杨的芴贾却成了司马，直接掌握了楚国的兵权。

楚庄王的一系列动作激化了王室和若敖氏之间的矛盾。子越心中的怒火终于抑制不住了。熊侣（楚庄王）这小子居然跟老子玩"明升暗降"的把戏，老子要推翻你。不过，子越最初并没有直接举旗造反，而是拿陷害子杨的芴贾开刀，派兵直接杀死了芴贾。

这就是赤裸裸的挑衅！楚庄王虽然很想对若敖氏动手，奈何实力不济，只能委曲求全。一看楚庄王不敢吭声，子越气焰更盛，准备发兵攻打楚庄王。楚庄王此时并不想跟若敖氏正面对敌，就派人去见子越，想用三代楚王之子为人质，了结此次事件。没想到子越干脆利落地拒绝了。于是，一场内乱不可避免。

对于这场内乱的记载，史书只用了短短一段话：

"秋七月戊戌，楚子与若敖氏战于皋浒。伯棼（即子越）射王，汰辀，及鼓跗，着于丁宁。又射汰辀，以贯笠毂。师惧，退。王使巡师曰：'吾先君文王克息，获三矢焉。伯棼窃其二，尽于是矣。'鼓而进之，遂灭若敖氏。"

而《东周列国志》却描述得很精彩。

楚庄王与子越谈判不成之后，双方大战一场，不分胜负。于是，楚庄王令人扬言自己要退兵随国，重整兵力之后，再来对付子越。实际上，他精选了一支特种部队，埋伏在桥下，然后叫大部队明天撤退。他的这支特种部队里有一名神箭手，叫养由基。这个名字虽然古怪，却是史上最牛的神箭手。

第二天，天才放亮，子越就把士兵们叫起来，然后叫大家以最快的速度吃点干粮，马上拿起兵器，向敌人发起冲锋。就在他们拿起武器准备冲锋时，看到河对岸的楚军也已经起来了，正在做早饭。于是，若敖氏的军队高喊着"打倒熊侣"的口号冲杀出来。

楚军一看对面的人冲过来了，丢弃了手中的锅碗瓢盆及其他后勤物资，向后狂奔。子越一见，想逃跑？没那么容易！他带着大军冲过大桥，全面追击。

这时，楚庄王正躲在桥下。他躲了整整一夜，好容易才盼到天亮，好容易才盼到子越狂追过去。一见子越冲过大桥，楚庄王马上叫大家以最快的速度冲到河对面，然后又以最快的速度开始破坏工作——拆桥！楚庄王的特种兵只几下就把桥拆毁，站在河边高呼。

子越一听，转头一看，发现上了楚庄王的当。他的目的是推翻楚庄王，而不是消灭楚军。如果让楚庄王回到郢都，他就完了。子越急忙命令大军回师。

如果这时，子越不杀回马枪，马上选择逃跑，还是可以保住性命的。可他硬要冲回去。这样一来，他就上了楚庄王的当。子越只看到对岸的敌人数量不多，但他不知道，楚庄王现在只需要一个人——养由基。

子越哪知道楚庄王有这个安排。其实，他本人也是一名神箭手。他在河对岸看到楚庄王时，就打算给楚庄王来两箭。要是楚王死了，楚国还不是他说了算吗？正在这时，养由基出现了。这位军中的小校提出要跟令尹比箭。

子越根本不把这种小人物放在心上，还特别霸道地提出，要由自己先射三箭。也许，他以为，自己三箭之内肯定能结果这个狂妄的小子。没想到子越三箭都射空了。养由基一箭就射中了子越的额头。子越当场毙命。

无论是正史，还是戏说，总之说的都是子越的这次叛乱并没有成功，反而让整个若敖氏在楚国被连根拔起，这恰好被令尹子文言中。直到这时，楚庄王才算坐稳了王位。

楚庄王降服郑国

内部的反对派全部肃清后，楚庄王又决定向中原发展，争取把霸主之位抢到手。该从哪里着手呢？还得从郑国想办法。

郑国本来就靠近楚国，以前楚国每次要有所动作时，也总是从郑国入手，向来不讲究为什么，先一顿暴打，等齐、晋来时再退兵。虽然打得很过瘾，却给自己树立了一个无耻的楚国形象。

楚庄王可不像楚国先君那么傻了，他也向齐、晋学习，一定要找到正当理由再出兵。就在这时，郑国出现了"食指门"事件。这件事正好为楚国提供了一个很好的借口。

事件的起因很搞笑。郑国大夫公子宋和公子归生一起上早朝。半路上，公子宋说他的食指有特异功能，只要食指一跳动，肯定就会有好吃的。正说着，他的食指就跳动起来。公子宋把食指伸出来给公子归生看。公子归生一看，公子宋的食指还真的在跳着，不像是表演，但还是怀疑事情的可信度。

很快两人来到朝堂上，接着就看到了一只大鼋。公子宋问这是怎么回事。有人告诉他，这是楚国人送给国君的。一会儿，厨师就上来了，准备把大鼋拿下去烹饪。公子宋和公子归生相视一笑。

郑灵公看见了，就问公子归生为什么笑。公子归生把原因向郑灵公说了。如果郑灵公听过之后，笑笑也就罢了，也就没事了。哪知，郑灵公却很较真，在这个地方，老子说灵才灵，可不是你公子宋的食指说灵就灵的。

当然，大鼋是要请大家吃的。不一会儿，郑灵公叫大家按座次坐好，宣布大鼋国宴开始。侍从们先端了一碗给郑灵公，然后按照座次给大夫们上菜。没想到，上到公子宋面前时，鼋汤竟然没有了。

怎么会这样？公子宋可是郑文公之子，身份高贵，谁敢不买他的账？当然有人，比如国君郑灵公。这时，公子宋也反应过来，一定是国君的恶作剧。于是，他马上站起来，走到郑灵公的面前，伸着那根有特异功能的食指到郑灵公的碗里蘸了一蘸，然后放到嘴边尝了尝汤的味道，就走出了门。

郑灵公大怒，想要杀公子宋。公子宋知道后，也知道事情闹大了，但到了这个时候，还怎么样？你要杀我，我也要杀你，就看谁的力量雄厚，谁的动作快了。

事实证明，郑灵公并不是个实干家，宣布要杀人之后，什么实质性的动作都没做。公子宋可就不同了，一想到自己的安全系数急剧下降，马上就把公子归生找来，说要杀国君。公子归生不想参与。公子宋说，你不干，我就到处说你想造反。公子归生没有办法，只得入伙。

同年夏天，公子宋实现了自己的目的，杀死了喜欢恶作剧的郑灵公，立公子坚为新任国君。公子坚就是郑襄公。楚庄王知道这个情节后，比郑襄公还高兴，就以郑国私自接受宋国的贿赂放走华元为由，出兵攻打郑国。

其实，楚、宋联合伐郑，发生在郑穆公二十一年（前607），宋国华元被俘虏及被赎回也发生在同一年。现在已经是郑襄公元年（前604），楚国的末梢神经未免也太不敏感了吧？不过，无论如何，楚国就是以此为由出兵了。

郑襄公一听说楚国大军压境，就派人向晋国求救。晋国现在虽然不像以前那么牛了，但霸主的大旗还在他们那里，他们就得履行这个职责。晋国派荀林父带兵过来援救。

楚庄王这时还不想跟晋国面对面死磕，又把部队开到陈国去。陈国国小力弱，一看楚国大军来袭，立马宣布臣服。楚庄王很痛快地接受了陈国的投诚，然后就回兵了。他这一次并不想真的跟哪个诸侯发生流血冲突，只是想表现一下自己。

席卷多国的夏姬之乱

就在郑国的纠纷暂时解决没多久，那个刚刚跟随楚国的陈国又出乱子了。这个乱子是由一个美女引起的。这个美女就是历史上著名的夏姬。夏姬是郑穆公的女儿，长得很漂亮。可惜，丈夫夏御叔早逝，她只好带着儿子夏征舒在株林过日子。

夏姬是个不甘寂寞的女人，虽然老公死了，但她觉得自己该继续追求幸福。于是，她很快就和陈国大夫孔宁、仪行父私通。后来，陈国国君陈灵公竟然也加入进来。这样一来，陈国三位身份高贵的人跟夏姬的绯闻就成为陈国高层的丑闻。

其实，如果只是私通，按照当时的习俗，也不过是私德有些问题。可陈灵公和这两位大夫太过无耻，竟然在朝堂上公开讨论他们跟夏姬的私情。

某天，三人中的一位觉得美女的内衣也跟美女一样性感，就向她要了一件内衣，整天贴身穿。穿了几天，又觉得不拿出来晒一晒，心里不舒服，于是就在某次朝会中拿了出来。结果，另外两人把外套一脱，他们惊奇地发现，原来夏姬给了他们三人每人一件内衣。

其他朝臣在一边听着，当然认为这很恶心。大夫泄冶觉得太不像话了，就对陈灵公说："国君啊，最好把这件衣服收起来。这种私事不要拿到这里来讲。这可是朝堂，是讨论国家大事的场所。您要是带头淫乱，臣民们都会效仿的。"

陈灵公一听很生气，但一想人家说得确实有道理，实在找不到什么理由反对，就没有吭声。不过，当时不吭声不等于陈灵公没有脾气。当他气哼哼地跟孔宁、仪行父提到泄冶的话时，那两个人直接火冒三丈，强烈要求陈灵公杀了这个多嘴的人。

对此，陈灵公没有明确表态。不久之后，孔宁、仪行父暗杀了泄冶，却没有受到任何惩罚。此后，再没人敢出来说一句话了。

陈灵公这三个人越来越过分，最后竟把讨论现场搬到了夏家。当然，如果只是夏姬在场，再怎么讨论也没什么，可夏家还有一个夏征舒啊。夏征舒已经长大，而且长成了一名猛男。陈灵公大概也是看在美女的份儿上，在夏征舒还是个小屁孩时，就让他顶替他父亲的职务，当上了大夫。

陈灵公他们可以无耻，但夏征舒要脸。如果他们收敛一点，做得含蓄一点，夏征舒也就睁一只眼闭一只眼了，毕竟母亲的情夫之一是国君。可那三个家伙却越来越嚣张，最后陈灵公居然指着夏征舒说："夏征舒长得跟你们好像啊！"

孔宁、仪行父也不怀好意地回敬："是像国君您才对。"

夏征舒气得要命，当场决定把这三个家伙杀了。

不久，三人的讨论会结束了。陈灵公准备回宫，没想到夏征舒正埋伏在马厩边上。夏征舒一箭射死了陈灵公。

陈灵公一死，夏征舒立刻冷静下来。既然国君如此无道，那么他的后代就不配继续担任陈国的君主。于是，夏征舒带兵进入首都，宣布全面接管政权，并自立为陈侯。其实，夏征舒也是陈国公室的后代，他是陈宣公的曾孙。

仪行父和孔宁逃出夏家后，直接向楚国狂奔，向楚庄王报告："夏征舒杀了敝国的国君。"楚庄王一听，当场拍板："寡人给你们做主。"就是用脚趾头也可以想到，陈国跟楚国对打的结果，除了灭国之外，还有什么出路？

那时陈国太子还在晋国避难，只有夏征舒还沉浸在自立为陈侯的喜悦中。结果，夏征舒还来不及抵抗，楚庄王就长驱直入，不仅拿下了陈国，还处死了夏征舒。

楚庄王还叫人把夏姬带过来，想看看年近四十的资深美女到底有什么魅力，弄得陈国政坛三大巨头都着迷到变态的地步，最后搞得国家也灭亡了。哪知，他一见夏姬，就决定纳夏姬为妃。

这时，申公屈巫出现了。屈巫淡定地对楚庄王说："大王，您不能纳夏姬为妃。您讨伐陈国，是因为夏征舒有罪。要是纳了夏姬，就是贪色了。这不符合周礼啊！"言外之意就是，您不能因为一个女人而破坏自己的霸主大业啊！

不得不说，屈巫一下子戳中了楚庄王的软肋。楚庄王放弃了让夏姬入宫的想法。

一看大王退出竞争，公子侧也蠢蠢欲动，准备让夏姬做自己的小妾。这时，屈巫又对公子侧说："请认清这个美女的面目啊！她就是个不祥之人。谁跟她有关系，都会下场凄惨。请想想夏御叔、陈灵公、夏征舒、孔宁、仪行父这些人吧！陈国不也是因为她亡国了吗？天下这么大，美女多得很，您又何必执着于这个人呢？"他的原话是："杀御叔，弑灵公，戮夏南，出孔仪，丧陈国……天下多美妇人，何必取是？"

公子侧虽然喜欢美女，但一听屈巫的话立马感到无比恐怖，退去所有热情，不敢拿性命开玩笑。

最后，楚庄王决定把夏姬赐给刚死了老婆的连尹襄老。

襄老平白无故得了一个美女，很高兴。可惜好景不长，襄老不久战死，夏姬又成了寡妇。没几天，襄老的儿子黑腰就成了夏姬的情人，连父亲的尸体都顾不得抢回来。这个绯闻马上传遍楚国大地，并引起了众多非议。

楚庄王这时正在努力构建一个能成为霸主之国的新楚国，当然不能任由这种绯闻传播，就命人把夏姬送回了郑国。一说，夏姬以要回亡夫襄老的尸体为由回的郑国。可故事还没有完。这次故事里新的男主角是屈巫。

夏姬回国后，一直待了十年。屈巫却想她想了整整十年，总想着找个机会去跟她相会。最后，屈巫在代表楚国外出访问时，硬是找了个借口跑到郑国。屈巫很有头脑，他对郑襄公说，是楚共王让他来娶夏姬的（此时楚庄王已死）。

郑国向来有恐楚症，一听屈巫的话，郑襄公当然不敢说什么，直接就让屈巫当了自己的姐夫。屈巫很激动，想了十年的夏姬终于成了自己的妻子。当然，他更知道，他这次假传了楚王的命令，回去之后肯定没有好果子吃。于是，屈巫带着夏姬投奔了晋景公。

很快，楚国就知道了屈巫跟夏姬私奔的事。公子侧很生气，他这才明白，屈巫大义凛然的一番话全是忽悠人的。他一气之下把屈巫留在楚国的族人全部斩杀。就连跟夏姬有过暧昧的黑腰也被株连。屈巫听说之后恼羞成怒，怂恿晋景公扶持了吴国，专门与楚国为敌。当然，这是后话。

晋国被赶下神坛

楚庄王并没有参与追逐夏姬的行动，他回到楚国后做的第一件事，就是举行庆祝大会，庆祝吞并陈国。大臣们陆续到场，可已经从齐国出使归来的申叔却迟迟没出现。

楚庄王很郁闷，申叔是楚国的外交家，肩负着树立国家形象的重任，居然会缺席这个场合？不会是有什么对寡人不满的地方吧？于是，他命人把申叔找来，责备道："寡人去讨伐弑君的夏征舒得胜归来，群臣都来向寡人祝贺，只有您缺席，这是什么原因呢？"

申叔问："小臣还可以为自己辩解吗？"

楚庄王点点头："您说吧。"

申叔说："夏征舒弑君，犯了大罪，您率军讨伐他，完全符合道义。

有人说，一个人牵着牛不走大路却从田地里穿过，就要没收这头牛。这样的惩罚太过分了。牵牛从田里走，确实犯了罪，但要是因为这个，就把牛没收，那就罚得太重了。现在诸侯们跟随您，就是因为您讨伐了有罪的人。可您现在把陈国变成楚国的一个县，就是贪图陈国了。您这样做跟拿走别人牛的人有什么区别？而且，您的理想并不是只要一个陈国，而是要当霸主。如果见到某个国家有过失，就去灭掉人家，以后诸侯们还会跟随您吗？"

楚庄王一听，原来是自己头脑发热，又蛮干了，差点儿坏了大事，赶紧下令恢复陈国，并把在晋国避难的陈国太子午立为新君（陈成公）。

陈国的恢复使得楚国的形象大为改观，大家觉得楚国并不是一味的蛮干了。

楚庄王知道，光靠这一件事，根本不可能让中原诸侯对楚国刮目相看，还得继续努力。机会很快就来了。这个机会仍然是郑国提供的。

郑国是诸侯中最深刻体会小国郁闷的国家。此前郑国已经说定与楚国和平共处。可没过几天，晋国一威胁，郑国马上就变卦，宣布跟随晋国，与楚国为敌到底。

楚庄王正愁没有借口树立威信，听说郑国的这一声明，马上就决定出兵郑国。于是，楚庄王十七年（前597），楚庄王带着大军向郑国的首都荥阳进军。这一次郑国表现得很顽强，跟楚国大军死磕了十七天。

这很不像郑国的一贯作风。这又是怎么回事呢？原来，郑襄公事先请来某大师进行了一番占卜，占卜的结果显示讲和对郑国不吉。再加上他以为晋国会来救郑国，所以就咬紧牙根死撑。

结果，十七天了，晋军的影子都没见一个，而荥阳的城墙已经被楚军打塌了一大段。只要楚军组织一次有力的进攻，完全可以大叫着"活捉郑襄公"杀进城来。于是，城里的人都惊恐万状。

这次楚庄王牢牢记住了一点，无论如何也要表现一下"仁义"。于是，他下令撤回荥阳城外的攻城部队。

如果是其他国家的国君，看见楚庄王主动撤军，肯定派人面见楚庄王，向楚庄王表示衷心的感谢，并约定一下和谈事宜。哪知郑襄公脾气有点倔，一点没有理解楚庄王的意图。在郑襄公看来，天下哪有快攻下城池却撤军的道理？肯定是晋军来了。于是，郑襄公下令趁楚军撤退赶紧修补好城墙，继续坚守城池。

楚庄王撤军之后，派人去看看郑国的动静，等他们出来投降。哪知，侦察的结果是：郑国又把城墙修复好了，城门紧闭，根本没有半点要投降的意思。

楚庄王一看，郑伯还真是不见棺材不掉泪，下令再次包围荥阳，并展开猛攻。郑襄公仍然坚持守城，而且坚持了三个月。可晋国比他们还坚持，坚持不来。最后，荥阳的城墙终于坚持不住了。楚军的攻城部队攻进了城里。

这时，郑襄公的头脑才清醒过来，他脱掉衣服，打乱头发，衣冠不整地牵着一只羊去见楚庄王。请千万不要以为，郑襄公打了败仗，想改行当行为艺术家，他这样做就是表示投降。当时投降的最高规格就是这个样子，叫"肉袒"。

此时，几个亲信都劝楚庄王把郑国吞并了，免得以后老是给楚国制造麻烦。可楚庄王没有答应。他知道，这又是他作秀的大好机会。郑国的综合实力远远赶不上楚国，什么时候想收拾它还不容易？如果现在就把郑国搞定，会坏了楚国的名声。坏了名声，不但霸主做不成，还会让中原的诸侯团结起来对付楚国。那样一来，麻烦就大了。于是，楚庄王下令全军撤出荥阳，到离城三十里处驻扎。

郑襄公知道楚庄王已经决定放过他了，如果再不老实，就真的是找死了，马上带着郑国高层来到楚国的指挥部，强烈要求做楚国的附庸国。楚庄王要的就是这个效果，立刻跟郑襄公举行了会盟，然后宣布撤军。

可就在这时，迟迟不见踪影的晋军出现了。此时晋国已经到人才青黄不接的时候，该来的时候没有来，等郑国彻底失败了，都向楚国臣服了才赶到。

这次晋军的首发阵容是荀林父领中军，先谷为辅佐；士会领上军，郤克为辅佐；赵朔领下军，栾书为辅佐。赵括、赵婴齐担任中军大夫，巩朔、韩穿担任上军大夫，荀首、赵同担任下军大夫。韩厥担任司马。晋国高层一起亮相。

不过，一看到这个阵容，我们就知道，这个团队已经不是精英团队了。何况团队的主帅还是荀林父。荀林父在赵盾时代时就很少有出镜的机会，为人又老实。老实人可以当人家的同事，却不该担任前线总指挥。结果，荀林父不仅来了，还担任了晋军的一把手。当然，这个阵容里还有被赵盾千方百计找回去的士会。士会当然有水平，可惜他只排在六卿的第三位。

荀林父头脑很清醒，他和士会都认为，这个仗不能打，因为理由已经没有了。可先谷不答应。他把荀林父狠狠地批驳了一通之后，就什么都不管，自行带领中军渡过黄河。

荀首知道后，对先谷的冲动行为颇不赞成，认为先谷这样做肯定会给晋军带来恶果。韩厥知道后，马上向荀林父报告。他对荀林父说："先谷要是被楚军歼灭，您的责任就大了。您是三军主帅，先谷却不听您的命令，这是谁的罪过呢？要是中军被歼灭，那就是大罪，不如大军一起杀上去。胜利了，是您的功劳。失败了，是大家的责任。您还犹豫什么呢？"

荀林父这时脑子已经乱了，听韩厥这么一说，觉得太有道理了，马上命令全体晋军渡河。于是，晋军就在这种盲目冲动的驱动下渡过了黄河。

听说晋国三军渡过黄河，楚庄王并不想跟晋国硬碰硬，就准备班师回国。他的亲信伍参却认为该跟晋国开战。令尹孙叔敖拒绝了伍参的提议。伍参不甘心，就在楚庄王面前进言："晋国的执政刚刚上任，根本不能自如地发布政令。他的副手先谷刚愎自用，未必肯听从指挥。政令不行，晋军就一定会失败。"

楚庄王一听，言之有理，就命人去告诉令尹孙叔敖做好迎战的准备。

除了伍参说动了楚庄王，郑国也在这场即将展开的大战中扮演了重要角色。作为夹心饼干，郑国"墙头草"本色不变，眼看着楚国做出了一副退军的架势，郑国没有求见楚庄王，而是派人到晋国军中极力撺掇。虽然赵朔、栾书都不赞成，但郑国使者的话却戳中了先谷的心。有了先谷这个捣蛋鬼，晋军想要撤军也很难。

虽然决定跟晋国一战，但楚国方面不露声色，反而派少宰去晋国军中求和。荀林父客气地接待了楚国使者，士会代表晋国答应了楚国的请求。可先谷坚决不同意讲和，而且认为士会的答复过于谄媚。在楚国使者出来的时候，他指使赵括更改了晋国的回复，大致意思是士会的话不能代表晋国的意思，晋侯要求大家不避刀兵，一定要解救郑国。

使者回去向楚庄王进行了口头汇报。楚庄王没有生气，再次派使者去求见荀林父。对于楚国不计前嫌再次伸出的橄榄枝，荀林父很重视，容不得先谷捣蛋，抢先答应了楚国的求和。随后，晋楚两国举行了会盟。

可会盟结束没几天，楚国就突然派人在阵前挑战，晋军一片大哗。因为楚国之前的表现一直让人觉得他们是想和谈的。荀林父就想先派个人去楚庄王那里探一探虚实再做定夺。

荀林父的想法不错，可惜跟他一起出征的人，除了士会、栾书、荀首、赵朔之外，其他人都冲动易怒。这样的组合让荀林父无限烦恼。现在他手下的捣蛋系列人物，已经亮相的就有副帅先谷，以及牛气哄哄的赵家兄弟——他们都是赵盾的弟弟。韩厥的私心更让晋军在渡河之初就埋下了隐患。其实，还有个重量级的捣蛋鬼没有出场。这时，他出场了。他就是魏锜。

魏锜并非无名之辈，他的父亲就是曾经跟随晋文公流亡的重臣魏犨。魏锜曾经想当晋国的公族，可报告送上去后，没有被批准。他很生气，就希望晋国被楚国打败。这时，楚国突然向晋国挑战，魏锜自告奋勇去楚军阵前挑战，被拒绝后，又请求做出使楚营的使者。

荀林父当然不知道魏锜要捣蛋，看到他主动请求，就同意了。魏锜一见到楚庄王就表明了态度，老子现在代表晋国向你们宣布：准备打仗！魏锜这种无礼行为让楚国人怒不可遏。楚将潘党就在魏锜回去的时候追赶他，还打了一头麋鹿送给他以示威胁。

荀林父一看，魏锜不仅没有打探清楚楚军的虚实，反而让事态变得更糟，心中非常无奈。唉，到底怎么办才好呢？

就在荀林父没有做出决断之时，另一个捣蛋鬼赵旃出场了。赵旃是赵穿的儿子，很得父亲在捣蛋方面的遗传。他之前想成为卿没有成功，又对没有抓住楚国前来挑战的人非常不爽。这时，赵旃主动提出，由自己向楚军挑战，结果被拒绝。不过，他并不气馁，而是换了一种方式。赵旃向魏锜学习，说自己想要去楚营联系会盟的事情，荀林父同意了。

看来，荀林父并没有吃一堑长一智。魏锜已经这样做过一回了，谁能保证赵旃不向魏锜学习？要是赵旃再去挑衅一回，晋、楚两国就非打起来不可。可惜，老实人荀林父的关注点只在赵旃提到的会盟上。

无论是挑战也好，联系会盟事宜也好，赵旃的做法都称得上奇葩。他来到楚营之后，没有直接去见楚庄王，而是在楚营之外铺了一张席子，自己坐在上面，命他的部下去见楚庄王。赵旃傲慢的行为激怒了楚庄王，楚庄王亲自乘战车去捉拿赵旃。赵旃弃车跑进树林里，结果被楚庄王的车右剥去了盔甲。

楚营前发生的事情让双方士兵看得心惊胆战。双方都害怕自己一方的人为对方所害，都派出了援军。于是，战争的大幕就此拉开。

晋军高层本来还在为是战是和争论不休，没有做好迎战的准备，这时突然冲上场，大部分人都傻了眼。荀林父知道再打下去，就有全军覆没的危险了，急忙下令撤退。

荀林父可能人慌失智，没有意识到，在关键时刻下令撤军本来就是个危险行为，如果组织不好，仍然有全军覆没的可能。他这时只是简单地想到，撤得越快损失就越少，便传令下去，谁先上船，谁就是立功。

于是，捣蛋鬼集中的中军、下军乱成了一锅粥，个个抢着上船。奈何船少人多，先上船的人都拿着武器狂砍后面要上船的人。据说，河中漂起来的手指都可以用手捧起来。仗打到这个地步，还算什么仗？楚军继续追击。只有士会的上军事先有准备，没有遭受损失。

楚庄王这时表现出了良好的素质，看到晋国的战车陷在泥潭里跑不动，居然还命人过去教他们如何把车子拉出来。那几个人把车子拉出来后，还强词夺理："我们没有失败的经验，这个技术比不上你们。"

这次晋军最惊险的是赵旃。他虽然一阵胡搞最后让整个晋国大军都遭遇了重大失败，可人品还不算坏，看到他的叔叔和堂兄很狼狈，就把马让给他们逃跑。后面楚军追来，他就钻进了小树林，正好碰见逢大夫父子驾车狂奔。

逢大夫叫两个儿子不要回头，可两个年轻人不听父亲的话，回过头望了一下，告诉父亲，赵老头在后面。逢大夫大怒，把两个儿子都赶下车，然后让赵旃上来。后来，逢大夫的两个儿子都战死了，赵旃却活了下来。

楚庄王一直杀到邲城才收住脚步。历史上称这次大战为邲之战。

与之相对应的就是城濮之战。当年，晋文公在城濮之战把楚军打得溃不成军，确立了他的霸主地位；这次楚庄王在邲之战把晋军打得满世界跑，将牛气了几十年的霸主赶下了神坛，把霸主大旗扛到了自己肩上。

楚庄王称霸

现在陈、郑、许、蔡四国都已经跟随楚庄王了，下一步是收服宋国。打宋国需要理由。理由并不难找，精明的楚庄王很快就制造出一个伐宋的理由。

某天，他派曾经得罪过宋国的申舟出使齐国，可并没有事先向宋国提出借路的要求。申舟一看，这简直就是叫自己去送死，就向楚庄王表明了自己的忧虑。没想到楚庄王却说："宋国敢杀你，寡人就灭了宋国。"申舟没有办法，只好出发，果然被宋国杀死。

楚庄王大怒，马上向宋国宣战。楚庄王二十年（前594），楚军浩浩荡荡开进宋国境内，很快就到达宋国的首都睢阳城下，然后实施对睢阳的包围①。

宋国目前还是晋国的跟班。楚军一来，宋国就派人向晋国求救。对于晋国而言，这也是个报仇的机会。楚军深入宋境，楚国的后勤工作不好展开，如果派个有水平的牛人过去，要打跑楚军也不是没有可能。即使不能打败楚国，救下宋国还是可以做到的。救了宋国，晋国还能恢复几分霸主气象。

晋景公也是这么想的，就准备出兵救宋。没想到大夫伯宗坚决反对。他认为，晋国对宋国鞭长莫及，楚国士气正盛，晋国不该违背天意与楚国争锋。晋国所要做的就是坚定宋国死守的决心——派一个使者比派几万大军的成本低多了。晋景公一听，觉得很有道理，就派解扬去完成这个任务。

解扬绝对不是个优秀的使者，才进入郑国境内，就被抓住。郑国抓到了晋国使者，立马把他送到了楚庄王面前。楚庄王送给解扬很多贵重的礼物，要求他改变口信，对宋国人说晋国的援军不会来了。解扬开始不同意，后来楚庄王耐心地做了大半天的工作，他才松口同意。

楚庄王看到解扬一脸的老实相，以为自己的游说成功了，马上叫解扬登上战车，到阵地前向宋国喊话。他以为，这次宋军士气一定会立刻下跌，甚至可能跌至谷底，却没想到解扬忽悠了他。

解扬到了指定地点之后，大声对宋国人传达了晋景公的口信：请你们坚守城池，晋国大军随后就到。楚庄王这才知道一脸老实相的解扬一点也

---

① 一说，楚军的围城时间是楚庄王十九年（前595）。

不老实。上当的感觉当然很糟，楚庄王愤怒地宣称，自己要杀了解扬这个说谎精。

可解扬一点没害怕，仍然一副老实相。他对楚庄王说："小臣很理解您的心情，可您也要理解小臣的心情。小臣答应敝国国君保证完成任务。如果不完成任务，那不是欺君吗？小臣虽然骗了您，但完成了任务，虽死无憾。"

楚庄王一听，才知道解扬不但不老实，而且把自己的软肋抓得比谁都精确。这家伙知道自己正在塑造仁义大国的形象，自己还真的不能因为一时之气杀了这个人啊！反正解扬该讲的都讲了，现在再杀他，对自己已经没有帮助了，放了他反而还收到作秀的效果。于是，楚庄王就把解扬放了。

放解扬是件很容易的事，可宋国上下都相信解扬的话，守城守得更加努力了。

到了这一年的五月，双方还在对峙中。楚庄王有点不耐烦，准备撤军。没想到申舟的儿子申犀突然出现在楚庄王马前。他行礼完毕，就对楚庄王说道："小臣的父亲没有因为有杀身之祸就放弃使命，您现在撤军就是失信于他啊！"楚庄王竟然无言以对。

正在尴尬间，申叔时出了一个主意："如果咱们就地造起房子，让种田的人回来，做出在这里长期作战的样子，宋国人就会害怕了。那样的话，咱们就有取胜的把握了。"楚庄王一听，表示完全赞同。于是，楚军就按照申叔时的建议行动起来。

果然，宋国的右师华元上当了。毕竟楚军可以在城外开荒，他们却不能在城内种地啊！再说，都这么久了，晋国的救兵估计不会来了，再撑下去只有亡国一条路可走了。于是，他对宋文公建议，还是跟楚国讲和为妙。

宋文公本来就依靠华元，现在听华元说除了讲和没有其他办法可想，就同意了。

取得国君的同意后，华元又进行了一番筹划，最后决定亲自去楚军军营。于是，就在某天夜里，他悄悄地出了城，潜入楚军军营。华元没有直接去找楚庄王，而去找了公子侧。公子侧当时正躺在床上休息。

华元悄悄上了公子侧的床，又轻轻地推了推公子侧。公子侧立马醒了过来，发现自己床上有一个人，再仔细一瞧，竟然是宋国的右师华元，不禁吓了一跳。

华元对公子侧说："现在城里已经到了最困难的时候，能吃的东西都吃完了，百姓们都把孩子交换来吃了。即便这样，宋国也不愿意签订屈辱的城下之盟。宋国就是宁愿亡国，也不会跟楚国讲和。如果楚军能后退三十里，宋国将唯楚国之命是从。"

公子侧很害怕，就跟华元盟誓，随后把华元的话告诉了楚庄王。楚庄王虽然很想乘人之危，但如果宋国真的要玉石俱焚，自己辛辛苦苦为楚国建立起来的仁义之国的形象就会瞬间崩塌。既然如此，不如就按华元说的办。于是，楚军退后三十里。随后，楚、宋两国讲和，宋国把右师华元送到楚国为质，以示诚意。

晋国阵营中最大的合作伙伴宋国最后倒向了楚国的怀抱。至此，晋国彻底丢掉了霸主之位，而楚庄王终于实现了自己的夙愿，令楚国成为名副其实的霸主之国。